図工科授業サポートBOOKS

小学校図工
スキマ時間に大活躍！
おもしろショートワーク

絵あそび編

山田 芳明 著

準備は
コピーして
配るだけ！

遊び感覚で
取り組めるので
子どもも夢中！

評価規準も
収録で学びも
しっかり！

明治図書

本書を手にとって下さった方々へ

　子どもは，絵を描いたり身近にある材料で何かをつくったりする造形活動が大好きです。学校にいるときも，家にいるときも，造形活動を楽しんでいます。黒板やノートの端，あらゆる場所がキャンバスであり，割り箸やストロー，それらが入っていた袋までもが造形活動の材料です。鉛筆をもてば描いてしまう，材料をもてばつくってしまう，それが本来の子どもの姿です。

　造形活動は，楽しいばかりではなく，心身の成長においても大切な活動です。手の巧緻性はもとより，新しいもの，面白いことを発想・構想する力や態度，その実現に向けて見通しをもって計画的に進めていく力や態度，そして，思ったように事が進められない場合に全く新たな視点で対象を捉え直す力や態度など，造形活動に取り組む中で様々な資質・能力を高めます。

　こうした造形活動を教科として担っているのが図画工作の時間です。国が行った調査でも約８割の子どもたちが図画工作の学習が好きだと回答しており，やはり子どもたちは造形活動が好きなのだということが確認できます。*　一方，好きではないと感じている子どもたちが２割近くいるともいえます。実際，描いたりつくったりすることが難しいと感じ，それが原因で図画工作の時間や造形活動が嫌いになってしまう子どもがいるのではないでしょうか。

　本書『おもしろショートワーク』シリーズは，図画工作の時間が楽しい！　好きだ！　と感じている子どもたちはもとより，いつのまにか「苦手だ，嫌いだ」と感じてしまうようになっている子どもたちも楽しんで取り組める造形活動を選んで構成しました。詳しくは「本書の特徴と使い方」のところで説明しますが，掲載している造形活動は，どれも15分から45分の短時間で取り組めるもので，ワークシートをコピーして子どもたちに手渡せば子どもたちだけでも活動が進められるようになっています。

　少し造形活動に自信を失い，苦手意識をもち始めている子どもたちでも，ワークシートを基に造形活動を進めていくことで，気がつけば造形活動が「好きだ！　楽しい！」と感じるようになり，「できる！　できた！」と自信がもてるようになってくれることでしょう。造形活動はやはり楽しみながら力をつけていくものです。楽しいが一番です。

2019年9月　　　　　　　　　　　　　　　　　　　　　　　　　　　　　　　　　　著者

---

*　国立教育政策研究所が平成24年度・25年度に実施した質問紙調査で，「図画工作科の学習は好きだ」という項目で肯定的な回答した児童は6年生で合わせて80.3%，否定的な回答した児童は合わせて17.2%であった。(https://www.nier.go.jp/kaihatsu/shido_h24/01h24_25/06h24bunseki_zukou.pdf)
　これは，同研究所が平成16年度に実施した「音楽等質問紙調査」における同項目の結果ともほぼ変わっていない。(https://www.nier.go.jp/kaihatsu/ongakutou/04000462020007002.pdf)

もくじ

本書を手にとって下さった方々へ ……………………………… 2

本書の特徴と使い方 ……………………………… 6

スキマ時間に大活躍！
おもしろショートワーク50

せんであそぶシリーズ

01 えんぴつでセンにちょうセン！ ……………………………… 10

02 あみだくじめいろをつくろう ……………………………… 12

03 ひとふでがきにちょうセン！ ……………………………… 14

04 ひとふでがきのふうけい ……………………………… 16

05 ひみつのちずをかこう ……………………………… 18

06 おしゃれなもじをかこう ……………………………… 20

じぶんずかんシリーズ

07 いろいろなはっぱのかたち ……………………………… 22

08 いろいろな木のかたち ……………………………… 24

09 いろいろなたてもののかたち ……………………………… 26

10 いろいろなのりもののかたち ……………………………… 28

11 いろいろなどうぶつのかたち ……………………………… 30

12 いろいろなさかなのかたち ……………………………… 32

13 いろいろな花のかたち ……………………………… 34

14 いろいろなひとの表情 ……………………………… 36

15	いろいろなひとのかお	38
16	いろいろなひとのポーズ（棒人間）	40
17	いろいろなひとのポーズ2	42
18	いろいろなもよう	44
19	いろいろな「　　　」のかたち	46

○○っぽくあらわすシリーズ

20	しんぶんっぽくかいてみよう！	48
21	自分の名前を立体的にしよう！	50
22	でこぼこにみえてくる！？	52
23	立体的な文字にかげをつけよう！	54
24	名前を板っぽくアレンジしよう！	56
25	自分の名前を○○っぽくしよう！	58
26	○○っぽいかんばんをかこう！	60
27	立体っぽくかこう！	62
28	遠近を感じる絵にしよう！	64
29	大きさを工夫して	66
30	ここからみると…	68

想像をふくらませるシリーズ

31	もしも，○○に住んだとしたら…	70
32	「ありえな〜い！」を絵に表そう	72
33	新種発見！	74
34	住んでみたいな！こんなおうち！	76

もくじ

35 ステキなのりもの！ ·· 78

36 だいすきガチャガチャマシーン！ ························ 80

37 不思議の国へようこそ！ ······································ 82

38 何でも合体装置 ·· 84

39 もしも，巨大な○○があったら… ··················· 86

40 もしもアリみたいに小さくなったら… ············· 88

しくみをたのしむシリーズ

41 のばしてみると… ·· 90

42 ひらいてみると… ·· 92

43 すかしてみると… ·· 94

44 めくってみると… ·· 96

45 どんどんつながる絵をかこう ···························· 98

46 うらからみると… ··· 100

よくみてかいてみるシリーズ

47 石をよくみてかいてみる ···································· 102

48 段ボール箱をよくみてかいてみる ·················· 104

49 鉛筆と消しゴムをよくみてかいてみる ··········· 106

50 「　　　　」をよくみてかいてみる ··············· 108

付 録 リフレカード ······································· 110

本書の特徴と使い方

スキマ時間を楽しく学びのある時間に変えよう！

●遊び感覚で楽しんで取り組め，創造性と創造力を高める「ショートワーク（SW）」

　本書シリーズは，「ショートワーク（以下 SW と示す）」というタイトルが示す通り短時間で取り組むことができる活動で構成しています。いわば，遊び以上，題材未満の活動です。もちろん，どれをとっても子どもたちが遊び感覚で夢中になって取り組める活動ばかりです。しかし，その中でしっかり創造的な造形力を高められるように考えています。

　各 SW を通して伸長を期待している資質や能力については，各 SW の「ねらい」に具体的に示しています。

●活動内容が捉えやすいページレイアウト

　本書では，各 SW を見開きで示しています（下図参照）。左ページに，活動のねらいや概要を文章で示し，右ページはその活動で子どもたちが使用するワークシートになっています。

　それぞれの SW の対象学年と活動にかかる時間を，ケーキと砂時計のアイコンで表示しています（①）。ケーキは，どの学年でも取り組める活動をホールケーキで，3・4年生以上対象をハーフサイズケーキ，少し難度が高く高学年向けな活動をショートケーキで示しています。砂時計は，1本が15分計で，1本だけならば15分程度，2本で30分程度，3本で45分程度が取り組む際の目安です。

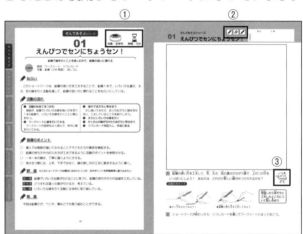

左ページ：指導案　　　　右ページ：ワークシート

●コピーしてそのまま使用できるワークシート

　右ページは，子どもたちが取り組むためのワークシートになっています。このページをコピーしたり増刷したりして子どもたちに配布して活用することを前提にしています。

　はさみや鉛筆，のりなどの準備物もアイコンで示されており（②），また，活動内容の提案や，活動の手順なども書かれていますので，子どもたちは，それらを基に自律的に活動を進めることができます。

　また，学年・組・氏名を書く欄もあり，活動によってはそのまま掲示することもできるようになっています。コピー・増刷する際は，活動内容に応じた，用紙（画用紙，ケント紙，上質紙など）を選んで印刷していただければと思います。

●指導を充実させる情報満載の左ページ

　見開きの左ページは指導案にあたります。活動の概要や準備物，ねらい，活動の流れ，指導のポイント，評価（図画工作科の題材として取り組む場合）など，SW を指導する際に参考になる情報をできる限り簡潔に，わかりやすい文章で紹介しています。指導にあたられる方が，子どもたちにワークシートを配布する前に，左ページの内容を読んで授業の流れをつかんでおいていただくことで，子どもたちの活動を一層促進したり，資質・能力を高めたりできるように構成しています。

●子どもたちの活動を応援，促進，注意喚起するキャラクター "クリエ君"

　本書には，クリエ君が登場します（③）。命名の由来は，本書が最も大切にしたいと考えている子どもたちの「創造性＝ creativity（クリエイティビティ）」です。クリエ君は，子どもたちが楽しく活動に取り組み，創造性や創造力を発揮するように応援し，促進してくれる，指導者でもあり友人でもあるという設定です。活動の導入時には，活動を提案し，活動の過程では励まし，応援し，ときには注意（特に安全に関わること）したりしながら，子どもたちの活動をよりよき方向へと導いてくれます。また，教師向けの左ページにもクリエ君は登場します。指導のポイントや安全のポイントなど，指導上で特に留意していただきたい部分にも注目できるようにしています。

●ショートワークでの学びを定着・発展させるリフレカード

　巻末には，「リフレカード」を掲載しています。リフレカードの "リフレ" とは，「リフレクション（reflection）＝省察」の略で，教育一般でいう「ふりかえり」のことです。活動の振り返りのためのカードです。このカードも，必要に応じてコピー・増刷し，配布して活用して下さい。

　カードの左上には，SW のナンバーと，活動名や作品名を記入します。振り返る項目は「①発見したこと，工夫したこと」と「②　思い付いたこと，考えたこと」です。

　この項目は，SW の左ページの「評価」に示した「知・技」と「思・判・表」を子どもにわかる言葉にしたものです。SW を図画工作科の時間として扱う場合には，このリフレカードの記述内容を評価の資料として活用することもできます。

●使い方

　基本的には，紹介した特徴を生かして自由に活用していただけますが，モデルとなる手順としては下の通りです。

子どもたちに取り組んで欲しい内容を考えてSWを選ぶ	SWの左のページ(指導者向け)に目を通し活動内容と指導のポイントを把握する	ワークシート,リフレカードを人数分増刷する	ワークシートを基に活動する	指導者向けページを参考に適宜支援する	できあがったら，遊んだり展示して見合ったりする	リフレカードに記入する

新学習指導要領にもバッチリ対応！

●育成すべき資質・能力に対応

　新しい学習指導要領では，全ての教科等の目標や内容が「知識及び技能」「思考力，判断力，表現力等」「学びに向かう力，人間性等」という資質・能力の三本柱で整理して示されました。

　本書では，図画工作科の学習としての活用も視野に入れ，各 SW の左ページの「評価」において「知・技」（知識・技能），「思・判・表」（思考，判断，表現），「態度」（主体的に学習に取り組む態度）＊で規準例を示しました。この規準例は，SW を図画工作の題材として使用する際の観点として利用するだけでなく，日々の図画工作の題材の評価規準を考える際の参考にしていただくことも可能だと思います。

　また，リフレカードも資質・能力に対応しています。本書の SW での活動はもとより，図画工作科の題材に於いても積極的に活用していただくことで，資質・能力の定着を促すことができるとともに，学習状況評価の際の資料としても活用していただけます。

●カリキュラム・マネジメントに活躍

　図画工作科の授業では，学習活動の進捗に差が出るのは日常的です。そうした場合の時間調整としてもこの SW を取り入れることで，図画工作科の授業時間枠を，他の学習や遊び時間に振り替えてしまうことなく，図画工作の時間として充実したものにすることができます。また，限られた授業時間数の中で，学習内容を充実する手立てとして，15分単位などの短時間で行う学習（モジュール授業やモジュール学習）もカリキュラム・マネジメントの1つとして提案されています。SW を朝の1時間目の前の時間や終礼前の時間などに取り入れることで，図画工作の学習の場を広げることができ，充実したものにすることもできると考えられます。

●アクティブ・ラーニングを推進

　アクティブ・ラーニングのポイントは，「主体的な学び・対話的な学び・深い学び」の成立です。本書は，子どもたちが楽しみ，半ば遊びの感覚で取り組むことができる活動を集めていますので，多くの子どもたちが「主体的な学び」を実現してくれることが期待できます。また，個人的な活動だけではなく，活動過程に友人と考え合ったり，活動後に一緒に遊んだりする中で「対話的な学び」が生じるように工夫しています。さらに，SW の左ページの指導のポイントを基に指導や言葉がけを工夫していただくことで，教師が教えすぎず，子どもがしっかりと考えて活動を進めていく「深い学び」が実現できるように構成されています。各巻での「深い学び」については，次項でも具体的な SW を例に詳しく紹介します。

＊ 3つの資質・能力の中で，「学びに向かう力，人間性等」に関しては，授業等における評価の観点は「主体的に学習に取り組む態度」となっています。
参考：http://www.mext.go.jp/b_menu/houdou/31/01/__icsFiles/afieldfile/2019/01/21/1412838_1_1.pdf

ショートワーク絵あそびは，図画工作科と他教科にも発展する深い学びを実現！

　「本書を手にとって下さった方々へ」にもありますが，子どもたちは生来描くことが「好き」です。鉛筆をもてば教科書の端に落書きをしてしまいますし，運動会の練習で座って待っている間に地面に指や足で絵を描いてしまいます。その「好き」を大切に育てて，大きくして，自信につなげてあげることが，何よりも大切です。

　絵あそび編では，「せんであそぶ」「じぶんずかん」「○○っぽくあらわす」「想像をふくらませる」「しくみをたのしむ」「よくみてかいてみる」という６つのシリーズを準備しました。いずれも子どもたちが絵を描きたいと思う気持ち，つまり「好き」を大切に考えて設定しました。

　たとえば，「せんであそぶ」シリーズは，鉛筆やペンで線を引くこと，線で表すことを純粋に楽しむ活動です。鉛筆の芯が紙にこすれることで，黒い色が付き，そのときの芯を当てる角度やこすりつける強さを加減すると，いろいろな線が現れます。誰もがついついやってしまったことのある行為をショートワークに設定することで，子どもたちが鉛筆の持ち方や使い方に慣れ，思いのままに線を引くことができる素地を育てます。また，「じぶんずかん」シリーズは，子どもたちが図画工作科の授業で絵の活動で描くことの多い「木」や「葉」，「乗り物」，「建物」などのバリエーションを広げるショートワークです。実際に見たり，想像をふくらませたりして，形状の違うものを描く経験が，対象の特徴を捉える力や観察する力を高め，想像力を伸長させます。こうした経験は，「読書感想画」や「ポスター」等の制作の際に，単調になりがちな画面に広がりや深まりをもたせることへと発展します。

　さらに「○○っぽくあらわす」シリーズは，中学年ごろから沸々と湧き上がってくる「立体的に描きたい！」という思いに寄り添い，実現を手助けする活動です。立体的に表すのはとても難しいことです。そこで，最も単純に立体化でき，しかも委員会の掲示やポスター制作など最も活用場面が広い「文字」の立体化を中心に構成しています。シリーズでは立体化にとどまらず，質感にも挑戦します。こうした経験が，子どもたちの描くことへの自信につながっていくと考えます。

　このように，幼少の頃に感じていた描くことへの「好き」が，ショートワークを通して自信につながっていくことで，日常的な図画工作科の絵画の活動の充実した深い学びへとつながります。また，ショートワークを通して身につけた力は，他教科での学習成果発表のプレゼンや壁新聞等の制作の際の図やタイトル等を描く際にも生かされるなど教科の枠を越えて発展的に活用されていくことも期待できます。

せんであそぶシリーズ

01
えんぴつでセンにちょうセン！

対象：全学年　時間：15分

鉛筆で線を引くことを楽しむ中で，鉛筆の扱いに慣れる

準備物　教師：ワークシート，リフレカード
　　　　児童：鉛筆（2B 程度），消しゴム

✏ ねらい

　このショートワークは，鉛筆の使い方を工夫することで，鉛筆１本で，いろいろな濃さ，太さ，形の線を引く活動を通して，鉛筆の扱い方に慣れることをねらいにしている。

✏ 活動の流れ

❶ 活動のめあてをつかむ
　教師が，鉛筆でいろいろな線を描くのを見て，１本の鉛筆で，いろいろな線を引くことに関心をもつ。
❷ ワークシートに線を引いてみる
　ワークシートの説明もよく読んで，枠内に線を引いてみる。

❸ 途中で友だちと見せ合う
　少し描いてみたら，近くの友だちと線を見せ合い，工夫しているところを紹介し合う。
❹ さらにいろいろな線を引く
❺ たくさんの線が引けたら友だちと見せ合う
❻ リフレカードを記入し，作品に貼る

✏ 指導のポイント

○ 導入では教師が描いてみせることで子どもたちの意欲を喚起する。
○ 鉛筆の持ち方や力の入れ方が工夫できるように活動のポイントを参照させる。
○ 一本一本の線は，丁寧に描くようにさせる。
○ 見せ合う際には，上手，下手ではなく，線の表し方の工夫に着目するように導く。

✏ 評　価　※このショートワークは題材にはなりにくいが，次のポイントを評価規準に盛り込みたい

|知・技| 鉛筆でいろいろな線が引けることに気づく，鉛筆の持ち方や力の加減を工夫している。
|思・判・表| どうすれば違った線が引けるか，考えている。
|態　度| いろいろな線を引く活動に主体的に取り組んでいる。

✏ 発　展

　今回は鉛筆だが，ペンや，筆などでも取り組むことができる。

01 えんぴつでセンにちょうセン！

せんであそぶシリーズ

ねん　くみ
なまえ

1 鉛筆の使い方を工夫して，形，太さ，色の濃さのちがう線で，上の□の中をいっぱいにしよう！　あなたは，どれだけ新しい線がみつけられるかな？

活動のポイント

★かく力をかえてみよう！

★鉛筆の持ち方を工夫してみよう

完成したら友だちと工夫したところについて話し合おう

2 ショートワークが終わったら，リフレカードを書いてワークシートにはっておこう。

せんであそぶシリーズ

02 あみだくじめいろをつくろう

 対象：全学年
 時間：30分

迷路をつくる活動を楽しむ中で，線で形づくることに慣れる

準備物
教師：ワークシート，リフレカード
児童：鉛筆，消しゴム，はさみ

✏ ねらい

このショートワークは，子どもたちが好きな迷路をつくる活動を通して，見通しをもちながら線で形づくっていくことに慣れ親しむことをねらいとしている。

✏ 活動の流れ

❶ 活動のめあてをつかむ
　教師が描いてくれる迷路（あみだくじのように，線だけでつくる迷路）を見て，自分も線で迷路をつくることに関心をもつ。
❷ 活動の進め方を確認する
　ワークシートをよく読んで，活動の進め方を確認する。
❸ ワークシートの活動の進め方に沿って活動を進める
　ワークシートの□の中の任意の場所にスタートとゴールを貼って，あみだくじのように，線で迷路をつくっていく。
❹ あみだくじ迷路で遊ぶ
　友だちと交換して，迷路で遊ぶ。
❺ リフレカードを記入し，作品に貼る

✏ 指導のポイント

○ 導入では教師が描いてみせることで子どもたちの意欲を喚起する。
○ 活動が停滞している子どもがいる場合は，途中で友だちの活動を見る時間を取る。
○ 友だちと交換して遊んだあとには，線で形づくることの楽しさについて共有できるようにする。

✏ 評　価　※このショートワークは題材にはなりにくいが，次のポイントを評価規準に盛り込みたい

知・技 線の引き方で楽しい形や意味がつくり出せることに気づき，線の引き方を工夫している。
思・判・表 線の形を基に自分のイメージをもちながら，楽しい迷路の形やつくり方を考えている。
態　度 つくりだす喜びを味わい，楽しく迷路をつくる学習活動に取り組んでいる。

✏ 発　展

友だちの迷路とつないで，学級全体で１つの迷路をつくっても楽しい。

02 せんであそぶシリーズ
あみだくじめいろをつくろう

ねん　くみ
なまえ

1　線をつないであみだくじのようなめいろをつくろう。分かれ道や，行き止まりを工夫して，画面いっぱい使って，楽しいめいろをつくれるかな？

2　ショートワークが終わったら，リフレカードを書いてワークシートにはっておこう。

活動の進め方

❶右のスタートとゴールを切り取ってこの台紙に貼る。

❷あみだくじのように，線をつないでめいろをつくる。

完成したら友だちと遊ぼう

スタート

ゴール

せんであそぶシリーズ

03 ひとふでがきにちょうセン！

 対象：全学年　 時間：15分

一筆書きで形を描くことを楽しむ中で，線で形づくることに慣れる

 準備物
教師：ワークシート，リフレカード
児童：鉛筆，又は水性ペン（単色）

✎ ねらい

　このショートワークは，子どもたちが一筆書きで自由に形を描く活動を通して，見通しをもちながら線で形づくっていくことと，鉛筆やペンの使い方に慣れ親しむことをねらいとしている。

✎ 活動の流れ

❶ 活動のめあてをつかむ
　教師が描いてくれる一筆書きを見て，自分も一筆書きをすることに関心をもつ。
❷ 活動の進め方を確認する
　ワークシートをよく読んで，活動の進め方と一筆書きのルール（線は重ならない）を確認する。

❸ ワークシートの活動の進め方に沿って活動を進める
　スタート位置を決めて描き始める。線は重ならないように気をつける。画面がいっぱいになったところで完成とする。
❹ 友だちと交換して，迷路で遊ぶ
❺ リフレカードを記入して，作品に貼る

✎ 指導のポイント

○　導入では教師が描いてみせることで子どもたちの意欲を喚起する。
○　活動に不安を感じている子どもには，始めは友だちの活動を見てみることを勧める。
○　リフレカードを記入する際には，線で形づくることの楽しさについて共有できるようにする。

✎ 評　価　※このショートワークは題材にはなりにくいが，次のポイントを評価規準に盛り込みたい

|知・技| 線の引き方で楽しい形や意味がつくり出せることに気づき，一筆書きを工夫している。|
|思・判・表| 線の形を基に自分のイメージをもちながら，一筆書きの描き方を考えている。|
|態　度| つくりだす喜びを味わい，楽しく一筆書きで形を描く学習活動に取り組んでいる。|

✎ 発　展

　時間がある場合には，一筆書きでつくり出した面に，色鉛筆などでうすく色を付けてみるのもよい。

03 せんであそぶシリーズ
ひとふでがきにちょうセン！

ねん　くみ
なまえ

1 ひとふでがきで，いろいろなものの形を上の画面いっぱいにかいてみよう！
鉛筆の線が重なってしまわないよう，とぎれてしまわないように気をつけよう。
途中で鉛筆を止めて次に何をかくか，どのようにかくか考えてもいいよ。

活動の進め方

❶かきはじめの位置を決めてかきはじめる。

❷1つの形がかけても，鉛筆をはなさず，次を続けてかく。

❸画面が線と形でいっぱいになったら完成！

完成したら，友だちと見せ合って工夫したところを話し合おう

2 ショートワークが終わったら，リフレカードを書いてワークシートにはっておこう。

せんであそぶシリーズ

04 ひとふでがきのふうけい

対象：3年生〜

時間：30分

一筆書きで風景を描くことを楽しむ中で，線で形づくることに慣れる

教師：ワークシート，リフレカード
児童：水性ペン（単色），はさみ，のり

✏️ ねらい

　このショートワークは，子どもたちが街並みを想像して一筆書きで風景を描く活動を通して，見通しをもちながら線で形づくっていくことをねらいとしている。

✏️ 活動の流れ

| ❶ 活動のめあてをつかむ
　教師が描いてみせてくれる一筆書きの風景を見て，自分も風景を描くことに関心をもつ。
❷ 活動の進め方を確認する
　ワークシートをよく読んで，活動の進め方を確認する。
❸ ワークシートの活動の進め方に沿って活動を進める | 　ワークシートから長方形を切って貼り合わせて，横長の用紙をつくり，左右どちらかの端から，一筆書きで街並みを描いていく。
　街並みが完成したら，空に雲や飛行機などを描き足す。
❹ 完成したら友だちと見せ合う
❺ リフレカードを記入して，作品に貼る |

✏️ 指導のポイント

○　導入では建物や木，電柱，信号機等々を描いてみせることで子どもたちの意欲を喚起する。
○　活動に不安を感じている子どもには，始めは友だちの活動を見てみることを勧める。
○　建物などの形を工夫している子どもなどは取り上げて全体に紹介するなどするとよい。
○　リフレカードを記入する際には，線で形づくることの楽しさについて共有できるようにする。

✏️ 評　価　※題材として取り組む場合には，次のポイントを評価規準に盛り込みたい

|知・技| 線の引き方で街並みの形がつくり出せることに気づき，描き方を工夫している。|
|思・判・表| 線の形を基に自分のイメージをもちながら，街並みの描き方を考えている。|
|態　度| つくり出す喜びを味わい，楽しく一筆書きで風景を描く学習活動に取り組んでいる。|

✏️ 発　展

　図画工作の時間として扱うのであれば，画用紙（四つ切りの短辺を1/3の大きさ程度に裁断）に描いてもよい。

04 せんであそぶシリーズ ひとふでがきのふうけい

ねん　くみ
なまえ

1 下の点線のところをはさみで切ってつないで細長い紙をつくろう。
その紙を横長に置いて，右か左の端からひとふでがきで家や木などを
かいて街なみの風景をつくろう。

活動の進め方

❶用紙を切ってつなげて，長い紙をつくる。
❷長い紙の端から地面の線をかきはじめて，ひとふでがきで街なみの風景をかく。
❸紙の端までひとふでがきでかけたら，時間があれば，空に雲をかいてもいい。

完成したらみんなの作品をつないで，長い長い風景にしても楽しいよ

2 ショートワークが終わったら，リフレカードを書いてワークシートにはっておこう。

のりしろ

のりしろ

のりしろ

せんであそぶシリーズ

対象：3年生〜

時間：30分

05 ひみつのちずをかこう

道の形や目印，地形，罠などを工夫して地図を描くことを楽しんで描く

準備物　教師：ワークシート，リフレカード，古地図や，本の挿絵など地図の参考資料
　　　　児童：鉛筆，消しゴム，水性ペン（細字），色鉛筆など

✎ ねらい

　このショートワークでは島の形や道の形，風景や罠などを想像をふくらませながら描く活動を通して，線で形を描くことに慣れ，表現の幅を広げることがねらいである。

✎ 活動の流れ

| ❶ 活動のめあてをつかむ
　教師が紹介する（描いてくれる）いろいろな地図を見て，秘密の地図を描くことに関心をもつ。
❷ 活動の進め方を確認する
　ワークシートをよく読んで，活動の進め方を確認する。 | ❸ ワークシートの活動の進め方に沿って活動を進める
　教師が準備してくれた地図の資料なども参考にしながら，島の形を描く。
　次に，島の中に地図を描き，罠なども描く。
❹ 完成したら友だちと見せ合う
❺ リフレカードを記入して，作品に貼る |

✎ 指導のポイント

○　導入では教師が描いてみせたり，地図の参考資料を示したりすることで意欲を喚起する。
○　活動の過程でも参考にできるように地図の参考資料を配置しておく。
○　始めに描く島が小さいとその中に地図が描きづらくなるので，大きく描くように導く。
○　見せ合う際には，それぞれが想像した世界を語り合えるように導く。

✎ 評　価　※題材として取り組む場合には，次のポイントを評価規準に盛り込みたい

|知・技| 描くものの形による印象の違いに気づき，描き方を工夫している。
|思・判・表| 自分のイメージをもちながら，風景や道，罠などの描き方を考えている。
|態　度| つくり出す喜びを味わい，楽しく地図を描く学習活動に取り組んでいる。

✎ 発　展

　画用紙（八つ切りか四つ切り）に描いて絵の具で色を付ける題材として扱ってもよい（2〜4時間設定）。

05 せんであそぶシリーズ
ひみつのちずをかこう

ねん　くみ　なまえ

1　秘密の島の地図をつくろう。宝物の場所をしるした秘密の地図だ。宝物まではけわしい道や，こわいワナがしかけられている。地図にその場所をちゃんとかいて，地図を完成させよう。

 活動の進め方

❶秘密の島の形を画面いっぱいにかく。小さいと地図がかけない。

❷宝物の場所を決めて印をかいたら，宝物に続く道をかく。

❸通るのが難しい場所や，こわいワナなども考えて，地図を完成させる。

完成したら，友だちに工夫したところを紹介しよう

2　ショートワークが終わったら，リフレカードを書いてワークシートにはっておこう。

せんであそぶシリーズ

06 おしゃれなもじをかこう

対象：3年生〜

時間：30分

中抜きの文字を描き方を知り，楽しんで描く中で，絵としての文字を描くことに慣れる

教師：ワークシート，リフレカード
児童：鉛筆，消しゴム，水性ペン

✏ ねらい

　このショートワークは子どもたちがふだん文字として書く名前を，中抜きの絵として描くことにより対象を線でかたどったり，形で表現したりする幅を広げることがねらいである。

✏ 活動の流れ

❶ 活動のめあてをつかむ 　教師が，名前を中抜きの文字で描くのを見て，おしゃれな文字を描く活動に関心をもつ。 ❷ 活動の進め方を確認する 　ワークシートをよく読んで，活動の進め方を確認する。 ❸ ワークシートの活動の進め方に沿って活動を進める	鉛筆で名前を書くときには，筆圧を弱く，うすく描くように気をつける。 　鉛筆の下書きを消しゴムで消す際には，紙を破らないように気をつける。 ❹ 完成したら友だちと描くポイントについて意見交換する ❺ リフレカードを記入して，作品に貼る

✏ 指導のポイント

○ 導入では教師が中抜きの文字を描いてみせることで子どもたちの意欲を喚起する。
○ 長方形の枠の中に，できるだけ大きく名前を書くように留意させる。
○ 仕上げで消すことになる下絵は筆圧も色もできるだけ弱くうすく描くように留意させる。
○ 意見交換の際には，上手い下手ではなく描くコツが焦点になるように導く。

✏ 評　価　※題材として取り組む場合には，次のポイントを評価規準に盛り込みたい

知・技 文字を絵として描く感覚を捉え，描き方を工夫している。
思・判・表 自分のイメージをもちながら，名前の描き方を考えている。
態　度 つくり出す喜びを味わい，文字をおしゃれに描く活動に取り組んでいる。

✏ 発　展

　自分の名前だけではなく，学級活動の係の掲示物などのポスター等のタイトルを描くことと関連づけることもできる。

06 せんであそぶシリーズ
おしゃれなもじをかこう

ねん　くみ
なまえ

1　いつも鉛筆（えんぴつ）で字を書くときは、線でかいているよね。それを、幅（はば）の広い ナカヌキの字にして、もっとおしゃれにしてみよう。方法（ほう）は簡単（かんたん）。みんなも おしゃれ文字に挑戦（ちょうせん）だ！

活動の進め方

❶上の長方形の中に、できるだけ大きく、そしてうすく、鉛筆で自分の名前を書く。

❷鉛筆（えんぴつ）で書いた名前の線の少し外側（がわ）を、鉛筆（えんぴつ）でうすく囲（かこ）む。

❸囲（かこ）んだ線を、ペンでなぞる。線が重なったところは、外側（がわ）だけをつないでいく。

❹鉛筆（えんぴつ）の線を、消しゴムでていねいに消（かんせい）して完成。

つくりかたがわかったら、上の□を使って好（す）きな文字でつくってみよう！

2　ショートワークが終わったら、リフレカードを書いてワークシートにはっておこう。

じぶんずかんシリーズ

07 いろいろなはっぱのかたち

対象：全学年　時間：30分

想像したり見たりして，いろいろな形の葉っぱを描いて，自分の図鑑をつくる

準備物
教師：ワークシート，リフレカード，葉っぱの例となる参考資料
（絵本，図鑑，写真，イラスト画像など）
児童：水性ペン，鉛筆，消しゴム，色鉛筆など

✏ ねらい

このショートワークは子どもたちが絵に表す活動で描くことの多い葉っぱの形を，想像したり見たりして描き分け，「じぶんずかん」をつくることで，表現の幅を広げることがねらいである。

✏ 活動の流れ

❶ 活動のめあてをつかむ
　教師が紹介する（描いてくれる）いろいろな葉っぱの絵を見て，いろいろな形の葉っぱを描いて図鑑をつくることに関心をもつ。
❷ 活動の進め方を確認する
　ワークシートをよく読んで，活動の進め方を確認する。
❸ ワークシートの活動の進め方に沿って活動を進める
　①にひとつ葉っぱを描いてみる。それを友だちと見せ合い，葉っぱを描き分けるコツを話し合う。②〜⑨に形の違う葉っぱを描く。
❹ 完成したら友だちと見せ合い，工夫したところを話し合う
❺ リフレカードを記入し，作品に貼る

✏ 指導のポイント

○ 導入では教師が描いてみせることで子どもたちの意欲を喚起する。
○ 参考にできるいろいろな葉っぱの形が掲載されている絵本や図鑑などを準備しておく。
○ 形に慎重になりすぎないよう一筆書きのようにスラスラと描くように導く。
○ 見せ合う際には，上手い下手ではなく，形の面白さや新しさに着目するように導く。

✏ 評　価　※題材として取り組む場合には，次のポイントを評価規準に盛り込みたい

知・技	葉っぱの形の特徴に気づき，形の描き分け方を工夫している。
思・判・表	葉っぱの形を基に自分のイメージをもちながら，新しい葉っぱの形を思いついている。
態　度	つくりだす喜びを味わい，楽しく葉っぱを描き分ける活動に主体的に取り組んでいる。

✏ 発　展

完成後は，各自がファイリングして「じぶんずかん」をつくることで，絵の表現の幅を広げることに活用できる。

07 じぶんずかんシリーズ いろいろなはっぱのかたち

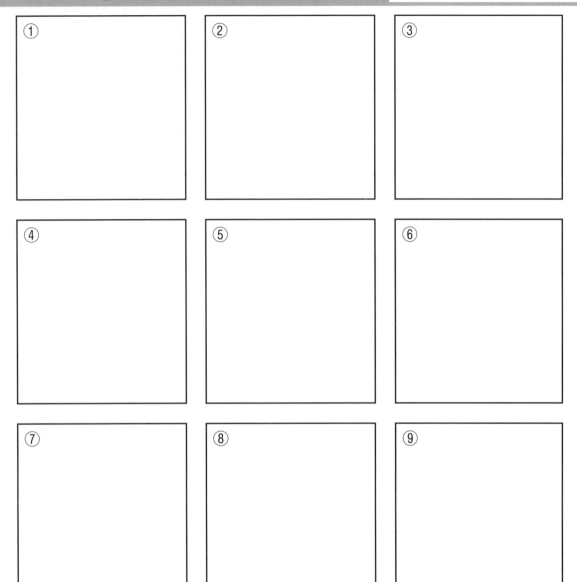

1 葉っぱをかくことってある？ あなたはいつもどんな葉っぱをかく？
想像したり見たりしながら上の□の中にいろいろな形の葉っぱをかこう。

活動の進め方

❶自分がよくかく葉っぱを、ワークシートの①にかく。

❷友だちと見せ合い、葉っぱの形をかき分けるヒントをみつける。

❸□にそれぞれちがった形の葉っぱをかいていく。

❹完成したら友だちと見せ合って工夫したところを話し合おう。

完成したら、絵をかくときに自分専用の図鑑として使おう

2 ショートワークが終わったら、リフレカードを書いてワークシートにはっておこう。

じぶんずかんシリーズ

08
いろいろな木のかたち

対象：全学年　時間：30分

想像したり見たりして，いろいろな形の木を描いて，自分の図鑑をつくる

準備物
教師：ワークシート，リフレカード，木の例となる参考資料（絵本，図鑑，写真，イラスト画像など）
児童：水性ペン，鉛筆，消しゴム，色鉛筆など

✏️ ねらい

このショートワークは子どもたちが絵に表す活動で描くことの多い木の形を，想像したり見たりして描き分け「じぶんずかん」をつくることで，表現の幅を広げることがねらいである。

✏️ 活動の流れ

❶ 活動のめあてをつかむ
　教師が紹介する（描いてくれる）いろいろな形の木の絵を見て，いろいろな形の木を描いて図鑑をつくることに関心をもつ。

❷ 活動の進め方を確認する
　ワークシートをよく読んで，活動の進め方を確認する。

❸ ワークシートの活動の進め方に沿って活動を進める
　①に自分がよく描く木の形を描いてみる。それを友だちと見せ合い，描き分けるコツを話し合う。②〜⑨に形の違う木を描く。

❹ 完成したら友だちと見せ合い，工夫したところを話し合う

❺ リフレカードを記入し，作品に貼る

✏️ 指導のポイント

○ 導入では実際に教師が異なる木の形を描いてみせることで子どもたちの意欲を喚起する。
○ 参考にできるいろいろな木の形が掲載されている絵本や図鑑などを準備しておく。
○ 描く際には，形に慎重になりすぎないよう一筆書きのようにスラスラと描くように導く。
○ 見せ合う際には，上手い下手ではなく，形の面白さや新しさに着目するように導く。

✏️ 評　価　※題材として取り組む場合には，次のポイントを評価規準に盛り込みたい

知・技　木の形の特徴に気づき，形の描き分け方を工夫している。
思・判・表　木の形を基に自分のイメージをもちながら，新しい木の形を思いついている。
態　度　つくりだす喜びを味わい，楽しく木の形を描き分ける活動に主体的に取り組んでいる。

✏️ 発　展

完成後は，各自がファイリングして「じぶんずかん」をつくることで，絵の表現の幅を広げることに活用できる。

08 じぶんずかんシリーズ
いろいろな木のかたち

ねん　くみ
なまえ

① ② ③

④ ⑤ ⑥

⑦ ⑧ ⑨

1 木をかくことってよくあるよね。あなたはいつもどんな木をかいてる？　葉はどうかく？幹や枝はどうかく？　想像したり見たりしながら上の□の中にいろいろな木をかこう。

活動の進め方
❶自分がよくかく木を，ワークシートの①にかく。
❷友だちと見せ合い，木をかき分けるヒントをみつける。
❸□にそれぞれちがった形の木をかいていく。
❹完成したら友だちと見せ合って工夫したところを話し合おう。

完成したら，絵をかくときに自分専用の図鑑として使おう

2 ショートワークが終わったら，リフレカードを書いてワークシートにはっておこう。

じぶんずかんシリーズ

09 いろいろなたてもののかたち

対象：3年生〜　時間：30分

想像したり見たりして，いろいろな建物を描いて，自分の図鑑をつくる

準備物
教師：ワークシート，リフレカード，建物の例となる参考資料（絵本，図鑑，写真，イラスト画像など）
児童：水性ペン，鉛筆，消しゴム，色鉛筆など

✏ ねらい

　このショートワークは子どもたちが絵に表す活動で描くことの多い建物の形を，想像したり見たりして描き分け「じぶんずかん」をつくることで，表現の幅を広げることがねらいである。

✏ 活動の流れ

❶ 活動のめあてをつかむ
　教師が紹介する（描いてくれる）建物の絵を見て，いろいろな形の建物を描いて図鑑をつくることに関心をもつ。
❷ 活動の進め方を確認する
　ワークシートをよく読んで，活動の進め方を確認する。
❸ ワークシートの活動の進め方に沿って活動を進める
　①に自分がよく描く建物を描いてみる。それを友だちと見せ合い，建物の種類について情報交換する。②〜⑨に形の違う建物を描く。
❹ 完成したら友だちと見せ合い，工夫したところを話し合う
❺ リフレカードを記入し，作品に貼る

✏ 指導のポイント

○　導入では実際に教師が建物の形を描いてみせることで子どもたちの意欲を喚起する。
○　参考にできるいろいろな建物の形が掲載されている絵本や図鑑などを準備しておく。
○　建物は，側面から見た二次元的な絵でよく，立体的に描く必要はない。
○　レントゲン描法で，内部を透過してみせるようなものを描くこともよい。
○　見せ合う際には，上手い下手ではなく，発想の面白さに着目するように導く。

✏ 評　価　※題材として取り組む場合には，次のポイントを評価規準に盛り込みたい

知・技　建物の形の特徴に気づき，建物の形の描き分け方を工夫している。
思・判・表　建物の形を基に自分のイメージをもちながら，新しい建物の形を思いついている。
態　度　つくりだす喜びを味わい，楽しく建物を描き分ける活動に主体的に取り組んでいる。

✏ 発　展

　完成後は，「じぶんずかん」をつくることで，絵の表現の幅を広げることに活用できる。

09 じぶんずかんシリーズ いろいろなたてもののかたち

①	②	③
④	⑤	⑥
⑦	⑧	⑨

1 家やビルなどの建物をかくことってよくあるよね。あなたはどんな建物をよくかくかな？想像したり見たりしながら上の□の中にいろいろな建物をかこう。

活動の進め方

❶自分がよくかく建物の形を、ワークシートの①にかく。

❷友だちと見せ合い、建物の形をかき分けるヒントをみつける。

❸□にそれぞれちがった形の建物をかいていく。

❹完成したら友だちと見せ合って工夫したところを話し合おう。

完成したら、絵をかくときに自分専用の図鑑として使おう

2 ショートワークが終わったら、リフレカードを書いてワークシートにはっておこう。

じぶんずかんシリーズ

10
いろいろなのりもののかたち

 対象：3年生〜 時間：30分

想像したり見たりして，いろいろな乗り物を描き，自分の図鑑をつくる

準備物
教師：ワークシート，リフレカード，乗り物の例となる参考資料（絵本，図鑑，写真，イラスト画像など）
児童：水性ペン，鉛筆，消しゴム，色鉛筆など

✏ ねらい

このショートワークは子どもたちが描くことの多い乗り物を，見たり想像したりして描き「じぶんずかん」をつくることで，想像力を高め，表現の幅を広げることがねらいである。

✏ 活動の流れ

❶ 活動のめあてをつかむ
　教師が紹介する（描いてくれる）乗り物の絵を見て，いろいろな形の乗り物を描いて図鑑をつくることに関心をもつ。

❷ 活動の進め方を確認する
　ワークシートをよく読んで，活動の進め方を確認する。

❸ ワークシートの活動の進め方に沿って活動を進める
　①に自分がよく描く乗り物を描いてみる。それを友だちと見せ合い，乗り物の種類について情報交換する。②〜⑨に違う乗り物を描く。

❹ 完成したら友だちと見せ合い，工夫したところを話し合う

❺ リフレカードを記入し，作品に貼る

✏ 指導のポイント

○ 導入では教師が描いてみせることで子どもたちの意欲を喚起する。
○ 乗り物の形が思いつかない子どものために，参考にできる絵本や図鑑などを準備しておく。
○ 実在しない乗り物ばかり描いても構わないし，1つの乗り物の種類（例えば電車ばかり）を描いても構わない。
○ しっかり想像を働かせて描くことや，丁寧に形を描くことを大切にする。

✏ 評　価　※題材として取り組む場合には，次のポイントを評価規準に盛り込みたい

知・技 乗り物の形の特徴に気づき，乗り物の形の描き分け方を工夫している。
思・判・表 乗り物の形を基に自分のイメージをもちながら，新しい乗り物の形を思いついている。
態　度 つくりだす喜びを味わい，楽しく乗り物を描く活動に主体的に取り組んでいる。

✏ 発　展

完成後は，各自がファイリングして絵を描く際の参考資料として活用することができる。

10 いろいろなのりもののかたち

じぶんずかんシリーズ

ねん　　くみ
なまえ

①	②	③
④	⑤	⑥
⑦	⑧	⑨

1 自動車や飛行機などの乗り物をかくことってよくあるよね。あなたはどんな乗り物がかける？　想像したり見たりしながら上の□の中にいろいろな乗り物をかこう。

活動の進め方

❶自分がよくかく乗り物の形をワークシートの①にかく。

❷友だちと見せ合い、乗り物の形を思いつくヒントをみつける。

❸□にそれぞれちがった形の乗り物をかいていく。

❹完成したら友だちと見せ合って工夫したところを話し合おう。

完成したら，絵をかくときに自分専用の図鑑として使おう

2 ショートワークが終わったら，リフレカードを書いてワークシートにはっておこう。

じぶんずかんシリーズ

11
いろいろなどうぶつのかたち

 対象：3年生〜 時間：30分

想像したり見たりして，いろいろな動物を描き，自分の図鑑をつくる

 教師：ワークシート，リフレカード，動物の例となる参考資料（絵本，図鑑，写真，イラスト画像など）
児童：水性ペン，鉛筆，消しゴム，色鉛筆など

✏ ねらい

　このショートワークは子どもたちが描くことが好きな動物を，見たり想像したりして描いて「じぶんずかん」をつくることで，想像力を高め，表現の幅を広げることがねらいである。

✏ 活動の流れ

❶ 活動のめあてをつかむ
　教師が紹介する（描いてくれる）動物の絵を見て，いろいろな種類の動物を描いて図鑑をつくることに関心をもつ。
❷ 活動の進め方を確認する
　ワークシートをよく読んで，活動の進め方を確認する。

❸ ワークシートの活動の進め方に沿って活動を進める
　①に自分がよく描く動物を描いてみる。それを友だちと見せ合い，動物の特徴について情報交換する。②〜⑨に違う動物を描く。
❹ 完成したら友だちと見せ合い，工夫したところを話し合う
❺ リフレカードを記入し，作品に貼る

✏ 指導のポイント

○　導入では教師が動物を描いてみせることで子どもたちの意欲を喚起する。
○　動物の形がわからない子どものために，参考にできる絵本や図鑑などを準備しておく。
○　馬に角をつけて鹿にしたり，馬の首を長くしてきりんにするなど，それぞれの動物の特徴を捉えて象ることを大切にし，細かな形を気にしすぎないように導きたい。
○　9マス以上描きたいという子どもには2枚目を描くことも認めるようにしたい。

✏ 評　価　※題材として取り組む場合には，次のポイントを評価規準に盛り込みたい

知・技 動物の形の特徴に気づき，動物の形の描き分け方を工夫している。
思・判・表 動物の形を基に自分のイメージをもちながら，別の動物の形を思いついている。
態　度 つくりだす喜びを味わい，楽しく動物を描きだす活動に主体的に取り組んでいる。

✏ 発　展

　完成後は，各自がファイリングして絵を描く際の参考資料として活用することができる。

11 いろいろなどうぶつのかたち

じぶんずかんシリーズ

ねん　　くみ
なまえ

① ② ③
④ ⑤ ⑥
⑦ ⑧ ⑨

1 犬とかウサギとか、動物をかくことってよくあるよね。あなたはどんな動物をよくかくかな？　想像したり、調べてみたりしながら上の□の中にいろいろな動物をかこう。

活動の進め方

❶自分がよくかく動物の形をワークシートの①にかく。
❷友だちと見せ合い、動物の形をかき分けるヒントをみつける。
❸□にそれぞれちがった形の動物をかいていく。
❹完成したら友だちと見せ合って工夫したところを話し合おう。

完成したら、絵をかくときに自分専用の図鑑として使おう

2 ショートワークが終わったら、リフレカードを書いてワークシートにはっておこう。

じぶんずかんシリーズ

12
いろいろなさかなのかたち

 対象：全学年 時間：30分

想像したり見たりして，魚（水中生物）を描き，自分の図鑑をつくる

準備物
教師：ワークシート，リフレカード，水中生物の例となる参考資料（絵本，図鑑，写真，イラスト画像など）
児童：水性ペン，鉛筆，消しゴム，色鉛筆など

✏ ねらい

このショートワークは子どもたちが魚などの水中生物を，見たり想像したりして描いて「じぶんずかん」をつくることで，想像力を高め，表現の幅を広げることがねらいである。

✏ 活動の流れ

❶ 活動のめあてをつかむ
　教師が紹介する（描いてくれる）魚などの水中生物の絵を見て，水中生物を描き分けて図鑑をつくることに関心をもつ。
❷ 活動の進め方を確認する
　ワークシートをよく読んで，活動の進め方を確認する。

❸ ワークシートの活動の進め方に沿って活動を進める
　①に自分がよく描く水中生物を描いてみる。それを友だちと見せ合い，特徴について情報交換する。②〜⑨に違う水中生物を描く。
❹ 完成したら友だちと見せ合い，工夫したところを話し合う
❺ リフレカードを記入し，作品に貼る

✏ 指導のポイント

○ 導入では教師が魚などの水中生物を描いてみせることで子どもたちの意欲を喚起する。
○ 水中生物の種類が思いつかない子のために，参考にできる絵本や図鑑などを準備しておく。
○ 鯛に提灯を付けてちょうちんあんこうにするなど，それぞれの生き物の特徴を捉えて形を象ることを大切にし，細かな形を気にしすぎないように導きたい。

✏ 評　価　※題材として取り組む場合には，次のポイントを評価規準に盛り込みたい

知・技 水中生物の形の特徴に気づき，魚などの描き分け方を工夫している。
思・判・表 魚などの形を基に自分のイメージをもちながら，いろいろな生物の形を思いついている。
態　度 つくりだす喜びを味わい，楽しく水中生物を描く活動に主体的に取り組んでいる。

✏ 発　展

完成後は各自がファイリングして絵を描く際の参考資料として活用することができる。

12 じぶんずかんシリーズ　いろいろなさかなのかたち

ねん　くみ
なまえ

①	②	③
④	⑤	⑥
⑦	⑧	⑨

1 絵をかくときに魚をかくことってよくあるよね。あなたはどんな形の魚をよくかくかな？想像をふくらませたり，調べてみたりして上の□の中にいろいろな魚をかこう。

活動の進め方

❶自分がよくかく魚の形をワークシートの①にかく。

❷友だちと見せ合い，魚の形をかき分けるヒントをみつける。

❸□にそれぞれちがった形の魚をかいていく。

❹完成したら友だちと見せ合って工夫したところを話し合おう。

完成したら，絵をかくときに自分専用の図鑑として使おう

2 ショートワークが終わったら，リフレカードを書いてワークシートにはっておこう。

じぶんずかんシリーズ

13 いろいろな花のかたち

 対象：全学年 時間：30分

想像したり見たりして，いろいろな草花を描き，自分の図鑑をつくる

準備物
教師：ワークシート，リフレカード，草花の例となる参考資料（絵本，図鑑，写真，イラスト画像など）
児童：水性ペン，鉛筆，消しゴム，色鉛筆など

✏ ねらい

このショートワークは子どもたちがいろいろな形の草花を，見たり想像したりして描いて「じぶんずかん」をつくることで，想像力を高め表現の幅を広げることがねらいである。

✏ 活動の流れ

| ❶ 活動のめあてをつかむ
　教師が紹介する（描いてくれる）草花の絵や写真を見て，草花を描き分けて図鑑をつくることに関心をもつ。
❷ 活動の進め方を確認する
　ワークシートをよく読んで，活動の進め方を確認する。 | ❸ ワークシートの活動の進め方に沿って活動を進める
　①に自分がよく描く草花の形を描いてみる。それを友だちと見せ合い，形の特徴について情報交換する。②〜⑨に違う草花を描く。
❹ 完成したら友だちと見せ合い，工夫したところを話し合う
❺ リフレカードを記入し，作品に貼る |

✏ 指導のポイント

○ 導入では教師が草花を簡単に描いてみせることで子どもたちの意欲を喚起する。
○ 花の種類や形が思いつかない子のために，参考にできる絵本や図鑑などを準備しておく。
○ 花びらの数や形，茎の形，葉の形などに注目させるようにする。
○ 上から見た形や横から見た形などが混在していてもよい。

✏ 評　価　※題材として取り組む場合には，次のポイントを評価規準に盛り込みたい

知・技 花の形の特徴に気づき，草花の形の描き分け方を工夫している。
思・判・表 花の形を基に自分のイメージをもちながら，いろいろな花の形を思いついている。
態　度 つくりだす喜びを味わい，楽しく草花の種類を描く活動に主体的に取り組んでいる。

✏ 発　展

完成後は，各自がファイリングして「じぶんずかん」をつくることで，絵の表現の幅を広げることに活用できる。

13 じぶんずかんシリーズ いろいろな花のかたち

ねん　くみ
なまえ

① 　　　　② 　　　　③

④ 　　　　⑤ 　　　　⑥

⑦ 　　　　⑧ 　　　　⑨

1 絵をかくときに花をかくことってよくあるよね。あなたはどんな形の花をよくかくかな？
想像をふくらませたり，調べてみたりして上の□の中にいろいろな花の形をかこう。

活動の進め方

❶自分がよくかく花の形をワークシートの①にかく。
❷友だちと見せ合い，花の形をかき分けるヒントをみつける。
❸□にそれぞれちがった形の花をかいていく。
❹完成したら友だちと見せ合って工夫したところを話し合おう。

完成したら，絵をかくときに自分専用の図鑑として使おう

2 ショートワークが終わったら，リフレカードを書いてワークシートにはっておこう。

じぶんずかんシリーズ

14
いろいろなひとの表情

 対象：3年生〜　 時間：30分

想像したり，見たりして人のいろいろな表情を描き分け，自分の図鑑をつくる

 準備物
教師：ワークシート，リフレカード，人の表情の参考となる資料（絵本，イラスト画像など）
児童：水性ペン，鉛筆，消しゴム，色鉛筆など

✏ ねらい

このショートワークは子どもたちが人のいろいろな表情を，見たり想像したりしながら描き分けて「じぶんずかん」をつくることで，表現の幅を広げることがねらいである。

✏ 活動の流れ

❶ 活動のめあてをつかむ
　教師が描いてくれる人の顔からその人の感情を当て合うことで，人の表情を描き分けて図鑑をつくることに関心をもつ。
❷ 活動の進め方を確認する
　ワークシートをよく読んで，活動の進め方を確認する。
❸ ワークシートの活動の進め方に沿って活動を進める
　①に自分がよく描く人の表情を描いてみる。それを友だちと見せ合い，目や眉など，形の特徴について情報交換する。②〜⑨に違う表情を描く。
❹ 完成したら友だちと見せ合い，工夫したところを話し合う
❺ リフレカードを記入し，作品に貼る

✏ 指導のポイント

○ 導入では教師が描く人の顔の感情を当て合う活動で子どもたちの意欲を喚起する。
○ 人の表情が，目，眉，口の形で変わることに注目させたい。
○ 今回の活動では人の顔をリアルに描く必要はなく，マンガっぽかったり，棒人間でもよい。
○ 額に汗を描いたり，涙を描いたりするなどの記号的な表現も認めるようにしたい。

✏ 評　価　※題材として取り組む場合には，次のポイントを評価規準に盛り込みたい

知・技 感情による目，眉，口の形の特徴に気づき，表情の描き方を工夫している。
思・判・表 生活経験を基に自分のイメージをもちながら，表情の表し方を思いついている。
態　度 つくりだす喜びを味わい，楽しく人の顔を描く活動に主体的に取り組んでいる。

✏ 発　展

完成後は，各自がファイリングして「じぶんずかん」をつくることで，絵の表現の幅を広げることに活用できる。

14 いろいろなひとの表情

じぶんずかんシリーズ

ねん　くみ
なまえ

①	②	③
④	⑤	⑥
⑦	⑧	⑨

1 人って，おこったり，ないたり，わらったり，いろいろな表情をするよね。あなたは，表情をどれだけかき分けられるかな？

活動の進め方

❶自分がよくかく人の表情をワークシートの①にかく。

❷友だちと人の表情のかき分け方を相談する。

❸□にそれぞれ人の表情をかく。

人の表情の例
こまっている
なやんでいる
かなしんでいる
よろこんでいる
かんがえている
びっくりしている
おおわらいしている
ちゅうもくしている
あせっている
あきれている　など

2 ショートワークが終わったら，リフレカードを書いてワークシートにはっておこう。

完成したら，絵をかくときに自分専用の図鑑として使おう

じぶんずかんシリーズ

15
いろいろなひとのかお

対象：5年生〜　時間：30分

想像したり見たりして，老若男女のいろいろな顔立ちを描き，自分の図鑑をつくる

準備物
教師：ワークシート，リフレカード，人の顔立ちの参考となる資料（絵本，イラスト画像など）
児童：水性ペン，鉛筆，消しゴム，色鉛筆など

ねらい

　このショートワークは子どもたちがいろいろな人の顔立ちを，見たり想像したりしながら描き分けて「じぶんずかん」をつくることで，表現の幅を広げることがねらいである。

活動の流れ

❶　活動のめあてをつかむ
　教師が描いてくれる人の顔立ちや髪型から年齢を当て合うことで，人の顔立ちを描き分けて図鑑をつくることに関心をもつ。
❷　活動の進め方を確認する
　ワークシートをよく読んで，活動の進め方を確認する。
❸　ワークシートの活動の進め方に沿って活動を進める
　①に自分がよく描く人の顔を描いてみる。それを友だちと見せ合い，人の顔立ちについて情報交換する。②〜⑨に違う顔立ちを描く。
❹　完成したら友だちと見せ合い，工夫したところを話し合う
❺　リフレカードを記入し，作品に貼る

指導のポイント

○　導入では教師が子どもの顔と大人の顔を描いてみせて子どもたちの意欲を喚起する。
○　右の図のような顔と目の位置関係で人の顔立ちが変化することに気づかせたい。
○　今回の活動では人の顔をリアルに描く必要はなく，マンガっぽくてもよい。

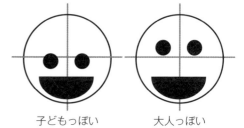
子どもっぽい　　大人っぽい

評　価　※題材として取り組む場合には，次のポイントを評価規準に盛り込みたい

知・技　人の顔立ちの特徴に気づき，人の顔の描き方を工夫している。
思・判・表　生活経験を基に自分のイメージをもちながら，人の顔の表し方を考えている。
態　度　つくりだす喜びを味わい，楽しく人の顔を描き分ける活動に主体的に取り組んでいる。

発　展

完成後は，「じぶんずかん」をつくることで，絵の表現の幅を広げることに活用できる。

15 いろいろなひとのかお

じぶんずかんシリーズ

ねん　　くみ
なまえ

①	②	③
④	⑤	⑥
⑦	⑧	⑨

1　四角い顔，たまご型の顔，いろいろな顔の形があるよね。髪型などで，大人っぽい顔，子どもっぽい顔など，雰囲気もちがってくるよね。あなたは，どれだけかき分けられるかな？

活動の進め方

❶自分がよくかく人の顔を①にかく。

❷かいたものを見せ合いながら，友だちと人の顔のかき分け方について相談する。

❸残りの□に，できるだけ①とはちがった人の顔をかく。

完成したら，絵をかくときに自分専用の図鑑として使おう

2　ショートワークが終わったら，リフレカードを書いてワークシートにはっておこう。

じぶんずかんシリーズ

16
いろいろなひとのポーズ（棒人間）

対象：3年生〜　 時間：30分

想像したり見たりして，棒人間でいろいろなポーズを描き，自分の図鑑をつくる

 準備物　教師：ワークシート，リフレカード
児童：水性ペン，鉛筆，消しゴムなど

✏ ねらい

このショートワークは子どもたちがいろいろな人のポーズを，見たり想像したりしながら棒人間で描いて「じぶんずかん」をつくることで，人物表現の幅を広げることがねらいである。

✏ 活動の流れ

❶ 活動のめあてをつかむ
　教師が人のポーズを棒人間で描いてくれるのを見て，棒人間による人のポーズ図鑑をつくることに関心をもつ。

❷ 活動の進め方を確認する
　ワークシートをよく読んで，活動の進め方を確認する。

❸ ワークシートの活動の進め方に沿って活動を進める
　①に一番描きやすいポーズを描いてみる。ポーズを3つほど描いたら友だちと見せ合い，人のポーズについて情報交換する。

❹ 完成したら友だちと見せ合い，工夫したところを話し合う

❺ リフレカードを記入し，作品に貼る

✏ 指導のポイント

○ 導入では教師がいくつかのポーズを棒人間で描いてみせ子どもたちの意欲を喚起する。

○ 右の図のように棒人間でもいくつかのバリエーションがあることを知らせる。

○ 今回の活動では人のいろいろなポーズを描き分けられることを何よりも大切にしたい。

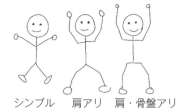

✏ 評　価　※題材として取り組む場合には，次のポイントを評価規準に盛り込みたい

知・技　人のポーズの特徴に気づき，いろいろなポーズになるように描き方を工夫している。
思・判・表　生活経験を基に自分のイメージをもちながら，人のポーズを考えている。
態　度　つくりだす喜びを味わい，楽しく人のポーズを描く活動に主体的に取り組んでいる。

✏ 発　展

完成後は，「じぶんずかん」をつくることで，絵の表現の幅を広げることに活用できる。

16 いろいろなひとのポーズ（棒人間）

じぶんずかんシリーズ

ねん　くみ　なまえ

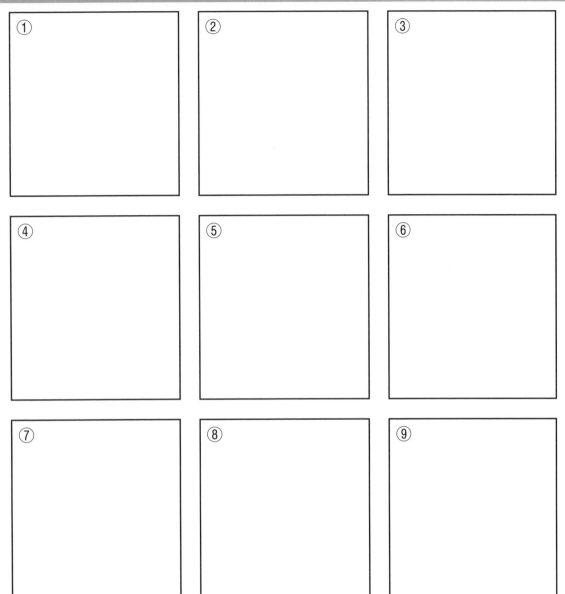

1　起立や礼のポーズはもちろん，走る，投げる，跳ぶ，人はいろいろなポーズをするよね。どれだけ人のポーズがかけるかな？　棒人間でいろいろなポーズを工夫して表してみよう。

活動の進め方

❶まずは一番かきやすいポーズを①にかく。

❷ポーズを3つほどかけたら，友だちと見せ合いながら，ポーズのかき方について相談する。

❸残りの□にちがったポーズをかく。
★実際に自分でポーズをしてみるのもいいね。
★ヒジ，ヒザ，カタなどを考えてかくといいね。

完成したら，絵をかくときに自分専用の図鑑として使おう

2　ショートワークが終わったら，リフレカードを書いてワークシートにはっておこう。

じぶんずかんシリーズ

17
いろいろなひとのポーズ２

対象：５年生〜 　時間：45分

いろいろな人のポーズを，描き方を工夫して厚みのある人で描き，図鑑をつくる

　準備物
教師：ワークシート，リフレカード，人のポーズの参考になる資料（絵本，写真，イラストなど）
児童：水性ペン，鉛筆，消しゴム，色鉛筆など

ねらい

　このショートワークはいろいろな人のポーズを，見たり想像したりしながら厚みのある人で描いて「じぶんずかん」をつくることで，人物表現の幅を広げることがねらいである。

活動の流れ

❶ 活動のめあてをつかむ
　教師が棒人間から，厚みのある人間に描き変えるのを見て，人のポーズを厚みのある人間で描くことに関心をもつ。

❷ 活動の進め方を確認する
　ワークシートをよく読んで，活動の進め方を確認する。

❸ ワークシートの活動の進め方に沿って活動を進める
　①に直立のポーズを描いてみる。さらに異なるポーズを２つほど描いたら友だちと見せ合い，人の描き方について情報交換する。

❹ 完成したら友だちと見せ合い，工夫したところを話し合う

❺ リフレカードを記入し，作品に貼る

指導のポイント

○ 導入では棒人間を基に，肉付きのある人を描いてみせ子どもたちの意欲を喚起する。
○ 肩，腰，脚の付け根をはじめ，関節の位置を意識してポーズを確認するように導く。
○ １つのマスが小さくて描きにくそうであれば，Ｂ４やＡ３に拡大コピーをしてもよい。
○ 腕と腕，腕と胴，脚と脚等の前後の重なりにも注目させる。
○ ９マス全てを埋められなくてもよいので，厚みのある人を描くことを重視する。

評　価　※題材として取り組む場合には，次のポイントを評価規準に盛り込みたい

知・技　人の姿勢と関節の関係に気づき，いろいろなポーズの描き方を工夫している。
思・判・表　自分自身の姿勢を基に自分のイメージをもちながら，人のポーズを考えている。
態　度　つくりだす喜びを味わい，楽しく人のポーズを描く活動に主体的に取り組んでいる。

発　展

完成後は，「じぶんずかん」をつくることで，絵の表現の幅を広げることに活用できる。

17 じぶんずかんシリーズ いろいろなひとのポーズ2

ねん　　くみ
なまえ

① ② ③
④ ⑤ ⑥
⑦ ⑧ ⑨

1 棒人間ならいろいろなポーズをかけたよね。今度は厚みのある体で挑戦しよう。

活動の進め方とポイント

★人の体で曲がるところはヒジ，ヒザ，カタなどの関節とコシと首。
★人の体で曲がるところと曲がらないところを考えると，およそ，図のような形が考えられるよ。
★実際に自分でポーズをしてみるのもいいね。

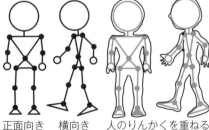

正面向き　横向き　人のりんかくを重ねる

❶まずは直立のポーズを①にかく。
❷異なるポーズを2つほどかけたら，友だちと見せ合いながら，ポーズのかき方について情報交換しよう。
❸残りの□にちがったポーズをかいて完成。

完成したら，絵をかくときに自分専用の図鑑として使おう

2 ショートワークが終わったら，リフレカードを書いてワークシートにはっておこう。

じぶんずかんシリーズ

18
いろいろなもよう

対象：3年生〜　時間：30分

見たり想像したりして，いろいろな模様を描き分けて，自分の図鑑をつくる

教師：ワークシート，リフレカード，模様の参考になる資料（模様が描かれた包装紙，服の布地などのカタログなど）
児童：水性ペン，鉛筆，消しゴム，色鉛筆など

✏ ねらい

　このショートワークは子どもたちが様々な模様を，見たり想像したりして描いて「じぶんずかん」をつくることで，描画表現の幅を広げることがねらいである。

✏ 活動の流れ

| ❶ 活動のめあてをつかむ
　教師が紹介する（描いてくれる）模様を見て，いろいろな模様を描いて図鑑をつくることに関心をもつ。
❷ 活動の進め方を確認する
　ワークシートをよく読んで，活動の進め方を確認する。 | ❸ ワークシートの活動の進め方に沿って活動を進める
　①に模様を考えて描いてみる。それを友だちと見せ合い，模様を考えるヒントを見つける。②〜⑨に形の違う模様を描く。
❹ 完成したら友だちと見せ合い，工夫したところを話し合う
❺ リフレカードを記入し，作品に貼る |

✏ 指導のポイント

○　導入では実際に教師が模様を描いてみせることで子どもたちの意欲を喚起する。
○　参考にできる模様がプリントされた包装紙や絵本や図鑑などを準備しておく。
○　アイデアがなかなか浮かばない子には，友だちのまねをすることも認める。
○　ある程度の模様の種類が描けた子どもには，その模様に着彩することも認める。
○　見せ合う際には，上手い下手ではなく，発想の面白さに着目するように導く。

✏ 評　価　※題材として取り組む場合には，次のポイントを評価規準に盛り込みたい

知・技　模様を描くときのポイントに気づき，模様の描き方を工夫している。
思・判・表　日常の経験を基に自分のイメージをもちながら，新しい模様を思いついている。
態　度　つくりだす喜びを味わい，楽しく模様を描く活動に主体的に取り組んでいる。

✏ 発　展

完成後は，「じぶんずかん」をつくることで，絵の表現の幅を広げることに活用できる。

18 いろいろなもよう

じぶんずかんシリーズ

ねん　くみ
なまえ

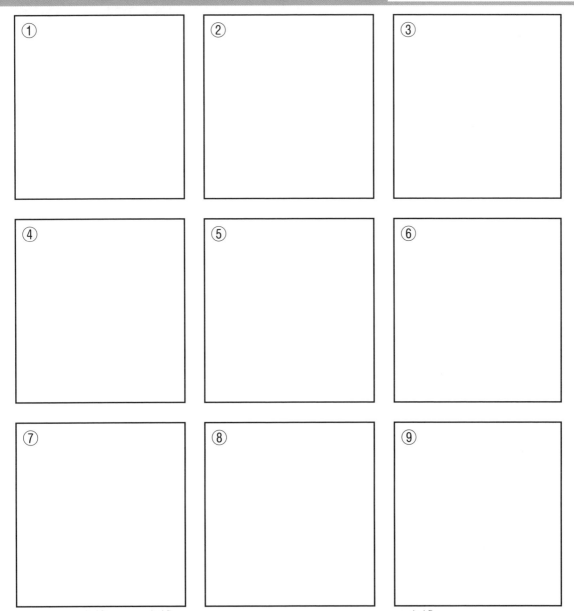

1　花がら模様，水玉模様，あなたのお気に入りのカバンや服にも模様があったりするよね。あなたはどんな模様が好き？　模様をかいたことはある？　想像をふくらませたり，調べてみたりして上の□の中にいろいろな模様をかこう。

活動の進め方

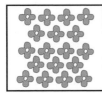

❶まずは何か1つ模様を考えたり思い出したりしてワークシートの①にかく。
❷友だちと見せ合い，模様を考えるヒントをみつける。
❸□にそれぞれ違った模様をかいていく。
❹完成したら友だちと見せ合って工夫したところを話し合おう。

完成したら，絵をかくときに自分専用の図鑑として使おう

2　ショートワークが終わったら，リフレカードを書いてワークシートにはっておこう。

じぶんずかんシリーズ

19 いろいろな「　　　」のかたち

対象：3年生〜　時間：30分

見たり想像したりして，いろいろなものを描き分けて，自分の図鑑をつくる

準備物
教師：ワークシート，リフレカード
児童：水性ペン，鉛筆，消しゴム，色鉛筆など

✏ ねらい

　このショートワークはこれまでの同シリーズの経験を基に，子どもたちが描きたいものを決めて「じぶんずかん」をつくることで，想像力を高め，表現の幅を広げることがねらいである。

✏ 活動の流れ

❶　活動のめあてをつかむ
　これまでに描いて作成した「じぶんずかん」について振り返り，新しいコンテンツを増やして図鑑を充実させることに関心をもつ。
❷　活動の進め方を確認する
　ワークシートをよく読んで，活動の進め方を確認する。
❸　ワークシートの活動の進め方に沿って活動を進める
　「じぶんずかん」に加えたいコンテンツを決めて描く。いくつか描けたら友だちと見せ合い，種類の増やし方を考えて描き足していく。
❹　完成したら友だちと見せ合い，工夫したところを話し合う
❺　リフレカードを記入し，作品に貼る

✏ 指導のポイント

○　導入ではこれまでに描きためた「じぶんずかん」を確認し子どもたちの意欲を喚起する。
○　一人一人で違うコンテンツを描くのもよいし，クラスで1つのコンテンツを決めてもよい。
○　「じぶんずかん」に加えるコンテンツを決めるところまでを，前日までに済ませておくと，参考資料などを子どもが各自でもってきたり，教師があらかじめ準備したりすることができる。
○　このワークシートは，繰り返し使用して，コンテンツを増やしていくことができる。

✏ 評　価　※題材として取り組む場合には，次のポイントを評価規準に盛り込みたい

知・技　描きたいものの形の特徴に気づき，形の描き方を工夫している。
思・判・表　日常の経験を基に自分のイメージをもちながら，新しい形を考えている。
態　度　つくりだす喜びを味わい，楽しくコンテンツを描く活動に主体的に取り組んでいる。

✏ 発　展

　完成後は，各自がファイリングして絵を描く際の参考資料として活用することができる。

19 じぶんずかんシリーズ

いろいろな「　　　」のかたち

| ねん　　　くみ |
| なまえ |

①

②

③

④

⑤

⑥

⑦

⑧

⑨

1 「じぶんずかん」に加えたいものの種類を１つ決めて「じぶんずかん」をつくろう。

鳥の形，虫の形，草の形，などの新しいものの「じぶんずかん」をつくってもいいし，乗り物の形２，動物の形２，いろいろな人のポーズ３など，これまでにつくったことのある「じぶんずかん」の新バージョンをつくるのもいいね。

活動の進め方

❶まずは何の図鑑をつくるかを決める。

❷次に決めた種類のものの形を１つ①にかく。

❸友だちと見せ合い，新しい形を考えるヒントをみつける。

❹残りの□にそれぞれ違った形をかいて図鑑を完成させる。

❺完成したら，友だちと見せ合って工夫したところを話し合おう。

2 ショートワークが終わったら，リフレカードを書いてワークシートにはっておこう。

○○っぽくあらわすシリーズ

20 しんぶんっぽくかいてみよう！

 対象：3年生〜 時間：30分

文字の形や大きさ，配列，模様などを工夫して，新聞っぽく描く

 準備物　教師：ワークシート，リフレカード，新聞（複数種類あると参考になる）
児童：鉛筆，消しゴム，水性ペン（細字）

✏ ねらい

　このショートワークは子どもたちが新聞の題字などをまねて描くことを通して，文字をアレンジして絵的に表現する楽しさを味わい，描画表現の幅を広げることがねらいである。

✏ 活動の流れ

| ❶ 活動のめあてをつかむ
　教師の作例を見て，新聞っぽく表すことに関心をもつ。
❷ 活動の進め方を確認する
　ワークシートをよく読んで，活動の進め方を確認する。
❸ ワークシートの活動の進め方に沿って活動を進める | 　新聞のタイトルを決めて，中抜きの文字で描く。新聞っぽく見えるかを確かめながら，一面トップ記事の見出しを描き，マスに沿って本文も書いて完成させる。
❹ 完成したら友だちと見せ合い，工夫したところを話し合う
❺ リフレカードを記入し，作品に貼る |

✏ 指導のポイント

○　導入では教師の作例を見せることで子どもたちの意欲を喚起する。
○　本ショートワーク（SW）の前にSW「6　おしゃれなもじをかこう」（p.20）に取り組む。
○　中抜き文字を描くことが難しい子どもたちがいる場合は，SW「6　おしゃれなもじをかこう」を思い出させるようにする。
○　少しでも新聞っぽさが表されていたら，その点を取り上げて褒めるようにする。

✏ 評　価　※題材として取り組む場合には，次のポイントを評価規準に盛り込みたい

知・技　新聞の題字の特徴に気づき，文字の描き方を工夫している。
思・判・表　日常の経験を基に自分のイメージをもちながら，新聞の文字の形を考えている。
態　度　つくりだす喜びを味わい，楽しく新聞っぽく描く活動に主体的に取り組んでいる。

✏ 発　展

国語や社会の学習と関連させて，壁新聞制作へと発展させることもできる。

20 しんぶんっぽくかいてみよう！

○○っぽくあらわすシリーズ

ねん	くみ
なまえ	

1　上のワークスペースは，新聞のような枠（わく）になっています。新聞の名前のところと，記事のタイトルのところを自分で太字で書いて，新聞っぽくしてみよう！記事の本文も新聞っぽくできるともっと面白いね。

活動の進め方

❶新聞の名前を決めて，右上の枠（わく）の中に新聞っぽくかく。

❷本文の部分に記事の題名を考えてかく。

❸本文のマス目にそって，それらしい記事をかく。

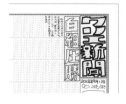

できあがったら友だちと見せ合おう！

2　ショートワークが終わったら，リフレカードを書いてワークシートにはっておこう。

○○っぽくあらわすシリーズ

21 自分の名前を立体的にしよう！

 対象：3年生〜 時間：30分

一番身近な文字である自分の名前を立体的に表すコツをつかむ

 教師：ワークシート，リフレカード，文字が立体的に描かれている資料
（新聞広告やチラシなど）
児童：鉛筆，消しゴム，水性ペン

ねらい

このショートワーク（SW）はSW「6　おしゃれなもじをかこう」（p.20）の経験を発展させて，文字を立体的に描くコツをつかむことで，描画表現の幅を広げることがねらいである。

活動の流れ

❶ 活動のめあてをつかむ
　教師が文字を立体的に表す様子を見て，文字を立体的に表す活動に意欲を高める。
❷ 活動の進め方を確認する
　ワークシートをよく読んで，活動の進め方を確認する。
❸ ワークシートの活動の進め方に沿って活動を進める
　まず中抜きの文字を描き，その文字に厚みをもたせ，鉛筆の下書きを消す。
❹ 完成したら友だちと見せ合い，工夫したところを話し合う
❺ リフレカードを記入し，作品に貼る

指導のポイント

○　導入では教師が子どもたちの前で立体的な文字を描いてみせる。
　（その際には，できるだけ，活動の進め方の手順に則して描いてみせる）
○　影付けなどは，別のショートワークでも取り組むので，敢えて影付けなどについては触れる必要はない。
○　文字を描く枠は2つあるので，名前を立体的にできたら，もう一枠は自由な文字を描く。

評　価　※題材として取り組む場合には，次のポイントを評価規準に盛り込みたい

知・技　立体的な感じの特徴に気づき，文字を立体的にすることを工夫している。
思・判・表　日常の経験を基に自分のイメージをもちながら，文字の形を考えている。
態　度　つくりだす喜びを味わい，楽しく立体的な文字を描く活動に主体的に取り組んでいる。

発　展

壁新聞や学習ノートの表題など，身近な所に文字を描く際にこの活動の成果を活用して描く工夫ができるようにしたい。

21 自分の名前を立体的にしよう！

○○っぽくあらわすシリーズ

ねん　くみ
なまえ

1 立体的なものを見て立体的にかくのって難しいよね。
だから平面的なものを立体的にしてみよう。今回は文字を立体的にするよ。
下の「活動の進め方」をよく読んで挑戦してみよう！

活動の進め方

❶まず，自分の名前のナカヌキ文字をかこう。
ナカヌキ文字が難しければ，先にSW6に挑戦しよう！

❷それぞれの文字のりんかく線の角のところから，右ななめ上方向に，鉛筆で直線を引こう。

❸その線の文字から1～2センチのところで，文字のりんかく線と同じような線を引く。

❹はみ出しているななめの線を丁寧に消す。

つくりかたがわかったらもう1つの□で別の文字でもやってみよう！

2 ショートワークが終わったら，リフレカードを書いてワークシートにはっておこう。

○○っぽくあらわすシリーズ

22 でこぼこにみえてくる!?

 対象：3年生〜 時間：30分

敷き詰められた形に鉛筆で色をうすく付けて凹凸のある立体感をつくりだす

 教師：ワークシート，リフレカード
児童：鉛筆，消しゴム

✏ ねらい

　このショートワークは連続して敷き詰められた形に鉛筆でうすく色を付けると凹凸感が強まることを感じることで，立体感を出すことへの関心を高めることがねらいである。

✏ 活動の流れ

| ❶ 活動のめあてをつかむ
　教師が色を付けていくのを見て立体的に感じることを確認し，活動に意欲を高める。
❷ 活動の進め方を確認する
　ワークシートをよく読んで，活動の進め方を確認する。
❸ ワークシートの活動の進め方に沿って活動を進める | 　まずはワークシートの画面を見て，凹凸感を楽しむ。次にたくさんある三角形のうち隣り合う三角形を異なる濃さで色を付けていく。でこぼこ感が感じられたら完了。
❹ 完成したら友だちと見せ合い，工夫したところを話し合う
❺ リフレカードを記入し，作品に貼る |

✏ 指導のポイント

○　導入ではＡ３程度に拡大した図に実際に鉛筆で色を付けてみせることで，子どもたちの意欲を喚起する。
○　色を塗る前から，じっくり見ると凹凸を感じることを共有する。
○　色をうすく塗るようにし，途中で何度も凹凸を確認するように導く。
○　思うように色が付けられない子どものために，このシートは多めに印刷しておく。

✏ 評　価　※題材として取り組む場合には，次のポイントを評価規準に盛り込みたい

知・技　立体的に見えるものの特徴に気づき，影の付け方を工夫している。
思・判・表　自分のイメージをもちながら活動を通して，色の濃さと位置について考えている。
態　度　つくりだす喜びを味わい，楽しく影付けをする活動に主体的に取り組んでいる。

✏ 発　展

描くのが比較的簡単なものの形を描いて，同じように立体的に表してみるのもよい。

| 22 | ○○っぽくあらわすシリーズ
でこぼこにみえてくる!? | | ねん　　　くみ
なまえ |

1 たくさんの三角形が集まった形，なんだかでこぼこしているように見えるよね。△の頂点がいくつか集まっているところが，こちら側に出っ張っているように見えるんじゃないかな。そんな図形の見え方を意識しながら，隣り合う2つを選んで，鉛筆で少しうすい色と，濃い色を付けてみよう。でこぼこがはっきりと見えてきたかな。どこの三角形に色を付けるとでこぼこ感が強くなるか考えながら，色を塗り分けてみよう。

活動の進め方
❶図形をぼうっと見たり，じっくり見たりして，でこぼこ感を楽しむ。
❷もっとでこぼこ感が強くなるように，隣り合う，2つの三角形のうち1つ選んで，少し違う濃さで塗ってみる。

できあがったら友だちと見せ合おう！

2 ショートワークが終わったら，リフレカードを書いてワークシートにはっておこう。

○○っぽくあらわすシリーズ

23 立体的な文字にかげをつけよう！

対象：3年生〜　時間：30分

立体的に描いた自分の名前に影を付けてより立体感をつくりだす

準備物
教師：ワークシート，リフレカード，文字が立体的に描かれている資料（新聞広告やチラシなど），白っぽい紙の箱，懐中電灯
児童：鉛筆，消しゴム，水性ペン

✏️ ねらい

このショートワークは同シリーズの経験を基に，立体的な文字を描き，それらに影を付けることでより立体的に表すことを経験することで，表現の幅を広げることがねらいである。

✏️ 活動の流れ

❶ 活動のめあてをつかむ
　教師の作例を見て，名前を立体的に表した経験を基に，影を付けることでより立体感を表せることに関心をもつ。

❷ 活動の進め方を確認する
　ワークシートをよく読んで，活動の進め方を確認する。

❸ ワークシートの活動の進め方に沿って活動を進める
　まず自分の名前を立体的に描く。光の当たる方向を決めてその反対側になる面に鉛筆で色を付ける。さらに文字の下にも色を付ける。

❹ 完成したら友だちと見せ合い，工夫したところを話し合う

❺ リフレカードを記入し，作品に貼る

✏️ 指導のポイント

○　白い紙の箱（立方体に近い方がよい）に光を当てて見せるなどして，光が当たる方向と，影ができる面を把握できるように導く。

○　文字の形よりも立体的に感じられることを大切にして，言葉かけをする。

○　以前のSWで描いた名前に影を付けてもよいが，立体的に表す経験を重ねるためにも，改めて，立体的に名前を描くところから始めたい。

✏️ 評　価　※題材として取り組む場合には，次のポイントを評価規準に盛り込みたい

知・技　影の特徴に気づき，立体の感じの出し方を工夫している。
思・判・表　これまでの経験を基に自分のイメージをもちながら，影の付け方を考えている。
態　度　つくりだす喜びを味わい，楽しく文字を立体的に表す活動に主体的に取り組んでいる。

✏️ 発　展

文字以外の形も立体的に表したり，影を付けたりする活動に発展させるのもよい。

23 ○○っぽくあらわすシリーズ
立体的な文字にかげをつけよう！

ねん　　くみ
なまえ

1　立体的に書いた自分の名前に影を付けるともっと立体っぽくなる。
光がさし込む方向を考えて影を付けてみよう。
さらに，立体的な名前の形が床や地面に映ってできる影もぼんやりと
かきたしてみよう。鉛筆を上手に使って雰囲気を出そう。

活動の進め方

❶まず，自分の名前の立体文字をかこう。

❷光の当たる方向を決めて，その反対側の面を鉛筆で暗くしよう。
この文字は，左上から光が当たっているイメージだから，右側の面を灰色にしたよ。

❸さらに，字の下に，ぼんやりと灰色を付けると，床に影が映ったように見えるよ。
チャレンジしてみよう。

影の付け方がわかったら，もう1つの□で別の文字でもやってみよう！

2　ショートワークが終わったら，リフレカードを書いてワークシートにはっておこう。

○○っぽくあらわすシリーズ

24 名前を板っぽくアレンジしよう！

対象：5年生〜　　時間：45分

立体にした文字の面が板っぽくなる模様を工夫することで質感を表現する

準備物
教師：ワークシート，リフレカード，板の表面の木目がわかる参考資料
（実際の板，画像，イラストなど）
児童：鉛筆，消しゴム，水性ペンなど

✏️ ねらい

　このショートワークはこれまでの同シリーズの経験を基に，立体的な形に木目の模様を描き加えることで質感を表現することを経験し，描画表現の幅を広げることがねらいである。

✏️ 活動の流れ

| ❶ 活動のめあてをつかむ
　教師が木目の模様を描いて質感を表現する様子を見て，質感を表現することに関心をもつ。
❷ 活動の進め方を確認する
　ワークシートをよく読んで，活動の進め方を確認する。 | ❸ ワークシートの活動の進め方に沿って活動を進める
　木目の特徴を捉えて，立体的に描いた文字の面に木目を描いていく。時間があれば影も付ける。
❹ 完成したら友だちと見せ合い，工夫したところを話し合う
❺ リフレカードを記入し，作品に貼る |

✏️ 指導のポイント

○　導入では立体的に表した文字の表面に木目を描いてみせて，子どもたちの意欲を喚起する。
○　実際の板や，木目の画像，イラスト等を参考資料として提示する。
○　文字の形よりも木目の質感が表現されていることを大切にして，言葉かけをする。
○　以前のSWで描いた名前に木目を付けてもよいが，立体的に表す経験や影を付ける経験を重ねるためにも，改めて，立体的に名前を描くところから始める。

✏️ 評　価　※題材として取り組む場合には，次のポイントを評価規準に盛り込みたい

知・技　ものの表面の感じに気づき，ものの感じの表し方を工夫している。
思・判・表　経験を基に自分のイメージをもちながら，ものの感じの表し方を考えている。
態　度　つくりだす喜びを味わい，楽しく板のように描く活動に主体的に取り組んでいる。

✏️ 発　展

　文字以外の立体的に描いたものの面に質感を加える活動に発展させるのもよい。

24 名前を板っぽくアレンジしよう！

○○っぽくあらわすシリーズ

ねん　くみ
なまえ

---

1 立体的にすることはできるね。じゃあ、その立体が何でできているかわかるようにアレンジしてみるよ。今回は、木の板のような感じにしてみよう。

活動の進め方

❶まず自分の名前の立体文字をかこう。今回は木の板だから少しうすめにつくろう。

❷その文字の表面に木目をかいていく。少しうねうねとした線にしたり、所々にフシをつけるとよりそれっぽくなる。

❸時間があれば、影も付けておこう。

つくりかたがわかったら、もう1つの□で別の字を板っぽくしてみよう！

2 ショートワークが終わったら、リフレカードを書いてワークシートにはっておこう。

○○っぽくあらわすシリーズ

25 自分の名前を○○っぽくしよう！

対象：5年生〜　時間：30分

立体にした文字の面の模様を工夫することでいろいろな質感を表現する

準備物
教師：ワークシート，リフレカード
児童：鉛筆，消しゴム，水性ペンなど

✏️ ねらい

　このショートワークはこれまでの同シリーズの経験を基に，立体的な形に模様を描き加えることでいろいろな質感を表現することを経験し，表現の幅を広げることがねらいである。

✏️ 活動の流れ

❶ 活動のめあてをつかむ
　自分たちが木目の模様を描いて質感を表現したことを振り返り，立体的な形にいろいろな質感を加えて表現することに関心をもつ。

❷ 活動の進め方を確認する
　ワークシートをよく読んで，活動の進め方を確認する。

❸ ワークシートの活動の進め方に沿って活動を進める
　立体的に描いた文字の面に模様を描くことでいろいろな材質の質感を表現する。時間があれば影も付ける。

❹ 完成したら友だちと見せ合い，工夫したところを話し合う

❺ リフレカードを記入し，作品に貼る

✏️ 指導のポイント

○　導入では子どもたちが板っぽく描いた名前の作品を見せて，子どもたちの意欲を喚起する。
○　表面の質感は，友だちと相談したり，参考資料を基にして描いたりするようにする。
○　文字の形よりもいろいろな質感が表現されていることを大切にして，そのための工夫を取り上げて賞賛の言葉かけをする。
○　表現する材質については，ワークシートも参考にしながら決める。

✏️ 評　価　※題材として取り組む場合には，次のポイントを評価規準に盛り込みたい

知・技　ものの表面の感じに気づき，ものの材質感の表し方を工夫している。
思・判・表　経験を基に自分のイメージをもちながら，材質による感じの違いを考えている。
態　度　つくりだす喜びを味わい，楽しく材質感を表現する活動に主体的に取り組んでいる。

✏️ 発　展

　文字以外の立体的に描いたものに，質感を加えたりする活動に発展させるのもよい。

25 自分の名前を○○っぽくしよう！

○○っぽくあらわすシリーズ

ねん　くみ　なまえ

1　もう文字を立体的にかくことはできるよね。板っぽくすることもできた。
　じゃあ、今度は、自分で○○っぽいものを考えて、かいてみよう。
　石っぽくするにはどうかく？　金属っぽくするには？　いろいろ考えてみよう。

活動の進め方

❶まず、何っぽい立体にするか、材質を考える。
★たとえば……
・石っぽい
・段ボールっぽい
・粘土っぽい
・皮っぽい
・発泡スチロールっぽい
・金属っぽい
・ガラスっぽい　など

❷自分が決めた材質っぽさが伝わりやすい形で立体的な文字をかく。
表面に模様を付けて、影も付ける。

★たとえば……
・石っぽいならば厚くする
・段ボールっぽいならばうすくする
★作例の文字は粘土っぽくするために角をとがらせて、線を少し角に角張った感じにしている。

❸完成したら、友だちと交換して、材質の感じが出せているか、相談する。

時間があれば、ちがった材質にも挑戦してみよう！

2　ショートワークが終わったら、リフレカードを書いてワークシートにはっておこう。

○○っぽくあらわす シリーズ

26
○○っぽいかんばんをかこう！

 対象：3年生〜 時間：30分

これまでの材質感を表したり，立体的に表したりする経験を基に，看板を描く

準備物
教師：ワークシート，リフレカード，看板を描く参考になる資料（看板の画像，イラスト，絵本など）
児童：鉛筆，消しゴム，水性ペン，色鉛筆など

ねらい

このショートワークはこれまでの同シリーズで立体的な形に模様を描き加えることでいろいろな質感を表す経験などを生かして看板を描き，描画表現の幅を広げることがねらいである。

活動の流れ

❶ 活動のめあてをつかむ
看板の形や材質など，実際のお店では看板はお店の特徴を出す上で重要なシンボルであることを理解し，活動に意欲をもつ。

❷ 活動の進め方を確認する
ワークシートをよく読んで，活動の進め方を確認する。

❸ ワークシートの活動の進め方に沿って活動を進める
お店屋さんのシンボルとしてどんな形にしたらよいか検討し，お店に相応しい形の看板を立体的に描く。

❹ 完成したら友だちと見せ合い，工夫したところを話し合う

❺ リフレカードを記入し，作品に貼る

指導のポイント

○ 導入では看板のイラストや絵本などの参考資料を基に，看板の形や色が大切な要素であることを確認する。
○ 看板なので，店の名前なども考えて加筆するように指導する。
○ 文字の形のよさよりも，その文字の背景となる看板などの質感も工夫するように導く。
○ これまでのSWを参考にするように声をかける。

評 価
※題材として取り組む場合には，次のポイントを評価規準に盛り込みたい

知・技 看板の感じに気づき，看板の材質感の表し方を工夫している。
思・判・表 経験を基に自分のイメージをもちながら看板の形による表現の違いを考えている。
態 度 つくりだす喜びを味わい，楽しく看板を描く活動に主体的に取り組んでいる。

発 展

看板を描く経験を生かして，係決めや学級目標の立案時などに，活用したい。

26 ○○っぽくあらわすシリーズ
○○っぽいかんばんをかこう！

ねん	くみ
なまえ	

1　パン屋さんや，牛乳屋さん，靴屋さん，花屋さん。いろいろなお店があるよね。一目で何屋さんかわかるような形と文字の感じの看板を考えてかいてみよう。

活動の進め方

❶まずつくる看板の，お店を決める。
❷つくるお店の特徴に合わせた看板の形を決めて，立体的にかく。
★看板は高いところに取り付けられることが多いから，下から見上げたように，下に厚みが見えるように表すとよい。

❸かいた看板に，お店の名前もかいて，看板を仕上げよう。

❹看板にも影を付けよう。時間があれば，お店もかこう。
❺かきあがったら，友だちと交換して，○○の感じが出せているか，相談するといいね。

> 時間があれば，その看板のお店もかいてみよう！

2　ショートワークが終わったら，リフレカードを書いてワークシートにはっておこう。

○○っぽくあらわすシリーズ

27
立体っぽくかこう！

 対象：5年生〜　 時間：30分

文字を立体的に表した経験を生かして，身近なものを立体的に表す

準備物　教師：ワークシート，リフレカード
児童：鉛筆，消しゴム，水性ペン，色鉛筆

✏ ねらい

　このショートワークはこれまでの同シリーズの経験を基に，子どもたちが描きたいものを決めて手順を踏んで立体的に描くことで，表現の幅を広げることがねらいである。

✏ 活動の流れ

| ❶ 活動のめあてをつかむ
　文字以外の身近なものを立体的に描く方法を知り，活動に意欲をもつ。
❷ 活動の進め方を確認する
　ワークシートをよく読んで，活動の進め方を確認する。
❸ ワークシートの活動の進め方に沿って活動を進める | 　立体的にしたいものを，横から見た様に描く。文字を立体にしたときと同様の手順で立体にする。厚みをもたせる方向にも形の変化があるので，活動の進め方を参考に描き変える。
❹ 完成したら友だちと見せ合い，立体的に表すコツを話し合う
❺ リフレカードを記入し，作品に貼る |

✏ 指導のポイント

○　ワークシートの活動の進め方で示した手順で，イスを描いてみせる。
　（この立体の表し方は，これまでの文字等の平面的なものを立体にする場合の描き方を発展させた簡易的な表し方なので，立方体や直方体に近い形のものが描きやすく，円柱形のものや複雑な形のものは描きにくい）
○　別の立体の描き方については，子どもたちが描き終えた後の立体的に表すコツを話し合う場面で，実践して見せるようにする。

✏ 評　価　※題材として取り組む場合には，次のポイントを評価規準に盛り込みたい

知・技　描きたい立体物の形の特徴に気づき，立体物の描き方を工夫している。
思・判・表　日常の経験を基に自分のイメージをもちながら，立体的な表し方を考えている。
態　度　つくりだす喜びを味わい，楽しく立体的に表す活動に主体的に取り組んでいる。

27 立体っぽくかこう！

○○っぽくあらわすシリーズ

ねん　くみ
なまえ

---

1 文字を立体っぽくかくことはできるようになったよね。
　　じゃあそれを応用して，いろいろなものを立体っぽくかいてみよう。
　　家，イス，つくえ，自動車，電車。かきたいものを１つ決めて立体的にしてみよう。

活動の進め方

❶まず，立体的にしたいものの形が，一番よくわかる面を決めて，紙にかく。
★平面的でいいよ。

❷文字を立体的にしたのと同じように，それぞれの角から右ななめ上にむかって厚みになる線引いて，立体的にする。

❸厚みになる線の中で不要な部分を消したり，必要な線をかき足したりしながら，絵を完成させる。
★作例では，平たい二本脚を細い四本脚にして，背もたれに穴を開けた。

❹光の当たる向きを考えて，影を付けて完成。

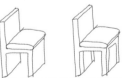

完成した作品を友だちと見せ合いながら立体的に表すコツを話し合おう！

2 ショートワークが終わったら，リフレカードを書いてワークシートにはっておこう。

○○っぽくあらわす シリーズ

28
遠近を感じる絵にしよう！

対象：3年生〜　時間：30分

大きさの異なる同じ形の配置を工夫して遠近を表す

準備物
教師：ワークシート，リフレカード，ワークシートの家の絵を拡大コピーした掲示物
児童：はさみ，のり，鉛筆，消しゴム，水性ペン

✏️ ねらい

　このショートワークは同じ形で大きさの違うものの配置を工夫することで，遠近を感じることを体感することで，遠近の表し方のコツをつかむことをねらいにしている。

✏️ 活動の流れ

❶ **活動のめあてをつかむ**
　教師が黒板で，拡大コピーした家の絵の位置を変えている様子を見て，遠近を感じる配置に関心をもつ。

❷ **活動の進め方を確認する**
　ワークシートをよく読んで，活動の進め方を確認する。

❸ **ワークシートに沿って活動を進める**
　家の絵を切り取り，枠内で，配置をいろいろと試す。遠近を感じられたら，友だちに見せ，遠近を感じることを確認し，のりで貼る。

❹ **完成したら改めて友だちと見せ合い，遠近の表し方のコツについて話し合う**

❺ **リフレカードを記入し，作品に貼る**

✏️ 指導のポイント

○　導入では，家の絵を拡大コピーした掲示物をつくっておき，それを黒板にいろいろ配置してみせながら，遠近を感じる配置があることを感じとれるようにする。

○　子どもが配置を操作している場面では，積極的に友だちと確認し合うことを認める。

○　小さいものは遠くに，大きいものは近くに感じるので，たとえば画面下から上に向かって，大きな形から小さな形を並べると，遠近が感じられるようになることを押さえる。

✏️ 評　価　※題材として取り組む場合には，次のポイントを評価規準に盛り込みたい

知・技　遠近を感じるものの位置関係性を理解し，形の配置を工夫している。
思・判・表　日常の経験を基に自分のイメージをもちながら，遠近の表し方を考えている。
態　度　つくりだす喜びを味わい，楽しく遠近を表す活動に主体的に取り組んでいる。

✏️ 発　展

　好きなものを大きさを変えて複数描き，それを並べて遠近を確かめる活動にしても楽しい。

28 遠近を感じる絵にしよう！

○○っぽくあらわすシリーズ

ねん	くみ
なまえ	

1　右下の家の絵を切って上の□の中に配置して，遠近を感じられる様子をつくろう。
　　どう置くと遠近が感じられるか，配置を変えて確かめて，よい場所が決まったら
　　のりで貼って，周りの様子もかき加えて絵を完成させよう！

活動のポイント

★どんなときに，遠近が感じられる様子になるのかを考えながら配置を考えよう。
★分かりにくいときは，中ぐらいの大きさの家の絵を画面のまんなかに置いて，
　小さい家と大きい家の位置をいろいろと動かしてみよう。
★遠近を感じる配置が決まったら画面にかき足して楽しい絵にしよう。

完成したら友だちと見せ合って，遠近の表し方をつかもう！

2　ショートワークが終わったら，リフレカードを
　　書いてワークシートにはっておこう。

○○っぽくあらわす シリーズ

29 大きさを工夫して

対象：3年生〜　時間：45分

図の大きさを変えることで，遠近感から怪獣の大きさが変わることを楽しむ

準備物
教師：ワークシート，リフレカード，トレーシングペーパー又は
　　　上質紙児童数分，タブレット2〜3人に1台，暗くできる部屋
児童：鉛筆，消しゴム，水性ペン，はさみ（必要に応じて）

✏ ねらい

　このショートワークは三者の大小関係を変える活動を通して遠近感や奥行きの感じの理解を深め，表現の幅を広げることがねらいである。

✏ 活動の流れ

❶ 活動のめあてをつかむ 　図の大小関係と配置で，表されるものの大きさの感じや，奥行きの感じが変わることを知り，配置を考える活動に意欲をもつ。 ❷ 活動の進め方を確認する 　ワークシートをよく読んで，活動の進め方を確認する。	❸ ワークシートに沿って活動を進める 　タブレットで撮影したビル，怪獣，木の画像を任意に拡大・縮小し，配置を考えて紙に写しとって遠近感を生かした絵を完成させる。 ❹ 完成したら友だちと見せ合い，遠近の表し方のポイントを話し合う ❺ リフレカードを記入し，作品に貼る

✏ 指導のポイント

○　教師が事前に，ビル，怪獣，木の画像データをタブレットに取り込んでおいてもよい。
○　タブレットがない場合は，教師が三者をそれぞれ大中小の三種類に大きさを変えたものを児童数分印刷しておき，それを切り取って配置を考えるようにしてもよい。
○　タブレットの図を上質紙に写す場合は部屋を暗くして画像が紙を透過しやすくする。
○　配置によって，大きいモノ（怪獣）をより大きく感じさせられたり，逆に大きい怪獣が小さく見えたりすることに気づくように振り返りを導きたい。

✏ 評　価　※題材として取り組む場合には，次のポイントを評価規準に盛り込みたい

知・技	遠近を感じるものの位置関係性を理解し，形の配置を工夫している。
思・判・表	日常の経験を基に自分のイメージをもちながら，遠近の表し方を考えている。
態　度	つくりだす喜びを味わい，楽しく遠近を表す活動に主体的に取り組んでいる。

29 ○○っぽくあらわすシリーズ 大きさを工夫して

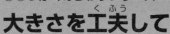

ねん　くみ
なまえ

1　上の絵を，タブレットで撮影して，拡大したり，縮小したりしてタブレットの画面に表示させて，そのうえに紙をのせて，鉛筆でそっとなぞろう。
大きさを工夫して，遠近を生かした絵をつくろう！　周りの様子もかき加えて絵を完成させよう！　どんな楽しい絵になるかな。

活動のポイント
★画面の下から上の方に向かって大きいものから小さいものを配置すると，遠近が感じられる様子になるよ。
★たとえば，道をかくときは，画面の下の方の道幅を広く，上の方に向かって細くすると，遠近が感じられる様子になるよ。
★写す絵にもかき足しをしてもいいよ。

完成したら友だちと見せ合って，遠近の表し方をつかもう！

2　ショートワークが終わったら，リフレカードを書いてワークシートにはっておこう。

○○っぽくあらわすシリーズ

30 ここからみると…

対象：5年生〜　　時間：45分

タブレットのカメラ機能を活用して，奥行きを感じるものの形を捉える

準備物
教師：ワークシート，リフレカード，トレーシングペーパー又は上質紙人数分，
　　　タブレット2〜3人に1台，大型テレビ，暗くできる部屋
児童：鉛筆，消しゴム，色鉛筆

✏ ねらい

　このショートワークはタブレットのカメラ機能を活用して，身近なものを接近して角度を考えて撮影することで，奥行きを感じられる見え方とその形を捉えることがねらいである。

✏ 活動の流れ

❶ 活動のめあてをつかむ
　タブレットのカメラで大型テレビに映し出されたホチキスの映像を見て，奥行きを感じる視点で対象を捉えることに意欲をもつ。

❷ 活動の進め方を確認する
　ワークシートをよく読んで，活動の進め方を確認する。

❸ ワークシートの活動の進め方に沿って活動を進める
　撮影するものを決めて，タブレットのカメラ機能で撮影する。撮影するときにはいろいろな角度から実際に写してみて決める。

❹ 完成したら友だちと見せ合い，見え方や撮影のときに工夫したことを話し合う

❺ リフレカードを記入し，作品に貼る

✏ 指導のポイント

○　導入では実際にホチキスなどをタブレットのカメラ機能を使って大型テレビに映して見せることで，遠近が強調されて奥行きを感じられる角度があることをつかめるようにする。

○　この活動では，立体的なものを平面的な画像で見ることで，奥行きと形の関係を捉えることがねらいなので，タブレットの台数が少ない場合には，撮影することを優先して，撮影した画像をなぞる活動は割愛してもよい。

✏ 評　価　※題材として取り組む場合には，次のポイントを評価規準に盛り込みたい

知・技	奥行きを感じる形の特徴に気づき，形の見方を深めている。
思・判・表	日常の経験を基に自分のイメージをもちながら，奥行きのある見え方を考えている。
態　度	つくりだす喜びを味わい，対象について奥行きを感じられる視点を探る活動に主体的に取り組んでいる。

✏ 発　展

　各々が撮影したものを集めて，全員で鑑賞するような活動も考えられる。

30 ○○っぽくあらわすシリーズ
ここからみると…

1 消しゴムや，筆箱，ランドセルなど，身のまわりのものを，タブレットのカメラ機能を使って，斜め下からや横斜め上から など，いつもあまり見ない角度からアップで見てみよう。奥行きを感じる見え方をしたら，パシャッと撮影して，画面に表示する。鉛筆でりんかくをなぞってみよう。どうだろう？　奥行きを感じる形がとれたかな？

活動の進め方

❶タブレットで撮影してみたいものを１つ決める。

❸みんなが撮影し終えたら，撮影した画像を，画面に表示させる。

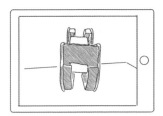

❺部屋を暗くして，上質紙に透けて映る画像を，鉛筆でなぞる。

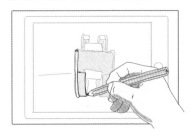

❷グループで順番に撮影する。撮影するときには，ぐっと近づけてみたり，角度を変えたりして，見え方がどう変わるか確かめる。

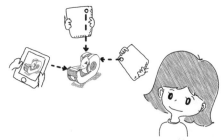

❹画面の上に，上質紙をのせて，セロハンテープで固定する。

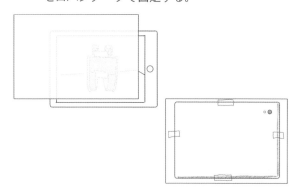

★鉛筆でなぞるときには力を入れすぎず，やさしく。
★画面に手が触れないように気をつけて。

うつせたら，みんなで見せ合おう。
なにをうつしたのかな？
どんなふうにみえるのかな？

2 ショートワークが終わったら，リフレカードを書いてワークシートにはっておこう。

想像をふくらませるシリーズ

31 もしも，○○に住んだとしたら…

対象：全学年　時間：30分

もしも…の想像力を働かせて，住んでみたい世界を楽しんで絵に表す

 準備物
教師：ワークシート，リフレカード
児童：鉛筆，消しゴム，水性ペン，色鉛筆

✏ ねらい

このショートワークは，もしも……をキーワードに，住んでみたい世界を考えて，想像力を働かせてイメージしたものを形に表すことで，想像力と描画力を高めることがねらいである。

✏ 活動の流れ

❶ 活動のめあてをつかむ
　もしも……○○に住んだとしたら，をみんなで想像して，その世界の具体的な様子をイメージしてみることで，活動への意欲をもつ。

❷ 活動の進め方を確認する
　ワークシートをよく読んで，活動の進め方を確認する。

❸ ワークシートの活動の進め方に沿って活動を進める
　自分が住んでみたい場所を決めて，友だちとその場所について話し合いながら，表したい世界を描き進める。時間があれば着彩する。

❹ 完成したら友だちと見せ合い，工夫したところを話し合う

❺ リフレカードを記入し，作品に貼る

✏ 指導のポイント

○ 導入では1つの場所を決めて「信号機はあるのかな？　それはどんな形をしているのかな」などと具体的に意見交換をすることで活動への意欲を喚起する。

○ 活動過程でも，近くの友だちと随時表したい世界について話をすることを認める。

○ 想像がふくらまない子どもには一緒に考えたり，同じような世界を表そうとしている友だちと話をしてみることを勧めたりする。

✏ 評　価　※題材として取り組む場合には，次のポイントを評価規準に盛り込みたい

知・技 描く世界の特徴を捉えて，描くものの形や色を工夫している。
思・判・表 絵本や物語を読んだ経験を基に自分のイメージをもちながら，描くものを考えている。
態　度 つくりだす喜びを味わい，楽しく想像の世界を描く活動に主体的に取り組んでいる。

✏ 発　展

四つ切りや八つ切りの画用紙に描く絵の題材（2～4時間設定）として扱ってもよい。

31 想像をふくらませるシリーズ

ねん　くみ　なまえ

もしも, ○○に住んだとしたら…

（空欄のワークシート）

1　今, みんなが住んでいるところは地上だよね。
でももし, 海中や, 高い空の上や, 土の中だったらどんな町ができるんだろうか？
海の中や空の上にも, 信号機や横断歩道はあるのかな？
家や建物の形や, 乗り物の形はどうなっていると思う？
想像をふくらませて, 楽しみながらかいてみよう。

活動の進め方

❶町をかく場所を, どんな場所にするか決める。　❷友だちと, 想像した町の様子を話し合う。　❷想像した町の様子を, 絵に表す。

完成したら, 友だちに町を紹介しよう！

2　ショートワークが終わったら, リフレカードを書いてワークシートにはっておこう。

想像をふくらませるシリーズ

32 「ありえな～い！」を絵に表そう

対象：全学年　時間：30分

想像力を働かせて，ありそうでない「ありえないもの」を楽しんで絵に表す

準備物
教師：ワークシート，リフレカード
児童：鉛筆，消しゴム，水性ペン，色鉛筆

✏ ねらい

　このショートワークは，普段よく見かけるものの，数や大きさが変わったとしたら…と，想像力を働かせてイメージしたものを表すことで，想像力と描画力を高めることがねらいである。

✏ 活動の流れ

❶ 活動のめあてをつかむ
　100人乗りのバスはどんな大きさでどんな形をしているのかをみんなで想像することで活動への意欲をもつ。
❷ 活動の進め方を確認する
　ワークシートをよく読んで，活動の進め方を確認する。
❸ ワークシートの活動の進め方に沿って活動を進める
　友だちとありえないものについて話し合い，描いてみたいものを決めて描く。時間があれば着彩する。
❹ 完成したら友だちと見せ合い，工夫したところを話し合う
❺ リフレカードを記入し，作品に貼る

✏ 指導のポイント

○　導入では100人乗りのバスなど，「あったらどんな形をしているのかな」と想像を楽しめるようなテーマをあげて，みんなで想像を楽しむことで，活動への意欲を喚起する。
○　活動過程でも，近くの友だちと表したい世界について話をすることを認める。
○　想像がふくらまない子どもには一緒に考えたり，同じような「ありえない！」を表そうとしている友だちと話をしてみることを勧めたりする。

✏ 評　価　※題材として取り組む場合には，次のポイントを評価規準に盛り込みたい

知・技	描きたいものの機能や特性を捉えて，形や色を工夫して表している。
思・判・表	これまでの描画経験などを基に自分のイメージをもちながら，描くものを考えている。
態　度	つくりだす喜びを味わい，楽しく想像して描く活動に主体的に取り組んでいる。

✏ 発　展

　四つ切りや八つ切りの画用紙に描く絵の題材（2～4時間設定）として扱ってもよい。

32 想像をふくらませるシリーズ
「ありえな～い！」を絵に表そう

ねん　　くみ
なまえ

1　50人乗りのバスってありそうだよね。じゃあ100人乗りのバスってどんな大きさで、

どんな形だろう。3人掛けのイスってあるよね。じゃあ50人掛けのイスってどう？

ボールを2つ使ったドッジボールってしたことある？　じゃあ20個は？

2段ベッドはあるよね？　じゃあ20段ベッドって？

普通にある物でも、その数が増えると、「ありえな～い！」って思えてくる。

そのありえないこと、ありえないものを想像力をふくらませて絵にかいてみよう。

活動の進め方

❶人数や、使う数が増えると、「どうなるんだろう？」「ありえな～い！」と思えるものごとについて、友だちと話し合う。

❷「ありえなーい！」ものやことを絵でかいてみる。

❸完成したら、友だちと見せ合って、工夫したことを話し合う。

2　ショートワークが終わったら、リフレカードを書いてワークシートにはっておこう。

想像をふくらませるシリーズ

33
新種発見！

対象：全学年　　時間：30分

見たことや描いたことあるものを基に，見たこともないものを想像して絵に表す

準備物
教師：ワークシート，リフレカード
児童：鉛筆，消しゴム，水性ペン，色鉛筆

✏️ ねらい

　このショートワークは見たことや描いたことのある生き物や植物などを基に，想像力を働かせて新しい形や機能を加えて表現することで，想像力と描画力を高めることがねらいである。

✏️ 活動の流れ

❶ 活動のめあてをつかむ
　クワガタ虫とカブト虫が合体したら，クジラを一飲みにする大きなウミヘビがいたらなど，みんなで想像し合い，活動への意欲をもつ。

❷ 活動の進め方を確認する
　ワークシートをよく読んで，活動の進め方を確認する。

❸ ワークシートに沿って活動を進める
　友だちと話し合う中で，自分が描いてみたい種類の決めて，想像をふくらませて描く。

❹ 完成したら特徴なども記入し，友だちと見せ合い，工夫したところを話し合う

❺ リフレカードを記入し，作品に貼る

✏️ 指導のポイント

○　導入では「こんなのがいたら面白いなと思う昆虫は？」など，具体的なものをひとつとりあげてみんなで考え合うことを通して活動への意欲を喚起する。

○　活動過程でも，近くの友だちと随時描きたいものについて話をすることを認める。

○　想像がふくらまない子どもには一緒に考えたり，同じような種類のものを描いている友だちの活動を参考にしてみることを勧めたりする。

✏️ 評　価　※題材として取り組む場合には，次のポイントを評価規準に盛り込みたい

知・技　描きたいものの機能や特徴に気づき，大きさや形や色を工夫して表している。
思・判・表　これまでの生活経験などを基に自分のイメージをもちながら，描くものを考えている。
態　度　つくりだす喜びを味わい，楽しく想像して描く活動に主体的に取り組んでいる。

✏️ 発　展

　四つ切りや八つ切りの画用紙に描く絵の題材（2時間設定程度）として扱ってもよい。

33 想像をふくらませるシリーズ
新種発見！

名前 _____

とくちょう _____

_____

_____

1　見たことのない魚や昆虫，動物，花や木など，新しい種類の動物や植物を考えて絵に表そう。
見たことのあるものどうしをくみあわせてもいいよね。
その生き物の名前や，特徴なども考えて書いておこう。

2　ショートワークが終わったら，リフレカードを書いてワークシートにはっておこう。

想像をふくらませるシリーズ

34 住んでみたいな！こんなおうち！

対象：全学年　時間：30分

自分が住んでみたいと思う家を想像して絵に表す

準備物
教師：ワークシート，リフレカード
児童：鉛筆，消しゴム，水性ペン，色鉛筆

📝 ねらい

このショートワークは自分自身が住んでみたいと思うお家を想像力を働かせてイメージし，それを形や色を工夫して表現することで，想像力と描画力を高めることがねらいである。

📝 活動の流れ

| ❶ 活動のめあてをつかむ
　自分ならどんな家に住んでみたいか，みんなで考えや希望を出し合うことで想像を広げ，活動への意欲をもつ。
❷ 活動の進め方を確認する
　ワークシートをよく読んで，活動の進め方を確認する。 | ❸ ワークシートに沿って活動を進める
　自分が住んでみたい場所を決めて，友だちとその場所について話し合いながら，表したい家を描き進める。時間があれば着彩する。
❹ 完成したら友だちと見せ合い，工夫したところを話し合う
❺ リフレカードを記入し，作品に貼る |

📝 指導のポイント

○　導入では作例は見せず，子どもたちに「あなたたちならばどんな家に住んでみたいかな？」と問いかけ，みんなで意見を出し合い家のイメージをふくらませて，活動への意欲を喚起する。

○　活動過程でも，近くの友だちと住んでみたい家について話をすることを認める。

○　想像がふくらまない子どもには家にはどんなものを置きたいかなど一緒に考えたり，友だちの描いている家を参考にしてみることを勧めたりする。

📝 評　価　※題材として取り組む場合には，次のポイントを評価規準に盛り込みたい

知・技　住んでみたい家の形や色を捉えて，描き方を工夫して表している。
思・判・表　絵本や物語を読んだ経験を基に自分のイメージをもちながら，描く家を考えている。
態　度　つくりだす喜びを味わい，楽しく家を描く活動に主体的に取り組んでいる。

📝 発　展

同じ子どもたちに毎年取り組ませることで，発達の描画の段階を捉える資料にもなる。

34 想像をふくらませるシリーズ

住んでみたいな！こんなおうち！

ねん　　くみ

なまえ

じまんポイント

_____

_____

_____

_____

1　あなたはどんなおうちに住んでみたい？　あなたが住んでみたいと思うおうちをかこう！
　みんなにじまんできるポイントも書いておいてね。

活動のポイント

　★外から見た家の形を工夫するのもいいし，家の中の様子をかくのもたのしいよ。

2　ショートワークが終わったら，リフレカードを書いてワークシートにはっておこう。

想像をふくらませるシリーズ

35
ステキなのりもの！

対象：全学年　時間：30分

あったらステキだなと思う乗り物を想像力を働かせて考え，楽しんで絵に表す

準備物
教師：ワークシート，リフレカード
児童：鉛筆，消しゴム，水性ペン，色鉛筆

✏️ ねらい

　このショートワークはあったらステキだなと思う新しい乗り物を考えて，想像力を働かせてイメージし，それを絵に表すことで，想像力と描画力を高めることがねらいである。

✏️ 活動の流れ

❶ 活動のめあてをつかむ 　未来を想像し，今の乗り物からどう変わっているか意見を出し合うことで，未来のステキな乗り物を描く活動への意欲をもつ。 ❷ 活動の進め方を確認する 　ワークシートをよく読んで，活動の進め方を確認する。	❸ ワークシートに沿って活動を進める 　今の乗り物に新しい機能を加えたり，形を想像したりしながら絵に表す。時間があれば，周りの様子を描き加えたり，着彩したりする。 ❹ 完成したら友だちと見せ合い，描いた乗り物の性能や特徴について紹介し合う ❺ リフレカードを記入し，作品に貼る

✏️ 指導のポイント

○　導入ではたとえば今の自動車は200年後にはどうなっているだろうかなど，具体的に想像してみて意見交換をすることで活動への意欲を喚起する。
○　想像がふくらまない子どもには一緒に考えたり，同じような乗り物を考えている友だちと話をしてみることを勧めたりする。
○　レントゲン描法のように，乗り物の中を描くことも認める。

✏️ 評　価　※題材として取り組む場合には，次のポイントを評価規準に盛り込みたい

知・技　乗り物の形や性能，特徴を捉えて，描くものの形や色などを工夫している。
思・判・表　日常の経験を基に自分のイメージをもちながら，描きたい乗り物を考えている。
態　度　つくりだす喜びを味わい，楽しく未来の乗り物を描く活動に主体的に取り組んでいる。

✏️ 発　展

　四つ切りや八つ切りの画用紙に描く題材（2〜4時間設定）として扱ってもよい。

35 想像をふくらませるシリーズ

ステキなのりもの！

ねん　くみ
なまえ

名称：_____

性能・特徴_____
_____
_____
_____

1　未来には，新しい乗り物がつくりだされるだろう。あなたも，想像をふくらませて，新しいステキな乗り物をかいてみよう！
今ある乗り物の形をまねてもいいけど，全く新しい形のものを考えてもいいよ。
外側だけじゃなくて，内側も考えてかくと楽しいね。周りの様子もかいておこう。

2　ショートワークが終わったら，リフレカードを書いてワークシートにはっておこう。

想像をふくらませるシリーズ

36 だいすきガチャガチャマシーン！

対象：3年生〜　時間：45分

ガチャガチャマシーンで出てきて欲しいものを想像し，楽しんで絵に表す

準備物

教師：ワークシート，リフレカード
児童：鉛筆，消しゴム，水性ペン，色鉛筆

✏️ ねらい

　このショートワークはガチャガチャマシーンから出てきたら楽しいだろうと思うものを想像し，そのマシーンと出てきた様子を表すことで，想像力と描画力を高めることがねらいである。

✏️ 活動の流れ

| ❶ 活動のめあてをつかむ
　もしも○○が出てくるガチャガチャマシーンがあったとしたら，とみんなで想像して意見を出し合うことで，活動への意欲をもつ。
❷ 活動の進め方を確認する
　ワークシートをよく読んで，活動の進め方を確認する。 | ❸ ワークシートに沿って活動を進める
　どんなものが出てきたら楽しいか，そのマシンはどんな形かなどを友だちと話ながら，表したいマシンとその様子を描く。
❹ 完成したら友だちと見せ合い，ガチャガチャマシンの特徴について紹介し合う
❺ リフレカードを記入し，作品に貼る |

✏️ 指導のポイント

○　導入ではもしも宇宙が出てくるガチャガチャマシーンがあったとしたらなど具体的に意見交換をすることで活動への意欲を喚起する。

○　活動過程でも，友だちと想像をふくらませて話をすることを認める。

○　想像がふくらまない子どもには一緒に考えたり，同じような世界を表そうとしている友だちと話をしてみることを勧めたりする。

✏️ 評　価　※題材として取り組む場合には，次のポイントを評価規準に盛り込みたい

知・技　ガチャガチャマシーンの特徴を捉えて，描くものの形や色を工夫している。
思・判・表　日常の経験を基に自分のイメージをもちながら，描く様子を考えている。
態　度　つくりだす喜びを味わい，楽しくガチャガチャマシーンを描く活動に主体的に取り組んでいる。

✏️ 発　展

四つ切りや八つ切りの画用紙に描く題材（2〜4時間設定）として扱ってもよい。

36 だいすきガチャガチャマシーン！

想像をふくらませるシリーズ

ねん　くみ
なまえ

1　コインを入れてダイヤルをガチャガチャ回すと……コロン！乗り物のおもちゃや，キャラクターグッズ，いろんなものが入ったカプセルが出てくるガチャガチャマシーン。あなたは好きかな？あなたならどんなモノがでてくると面白い？　そのガチャガチャマシーンの形は？　大きさは？　お金を入れるところは？　出てくるものはカプセルに入ってる？　取り出し口はどんな形でどんな大きさなのかな？　想像をふくらませてかいてみよう！

2　ショートワークが終わったら，リフレカードを書いてワークシートにはっておこう。

想像をふくらませるシリーズ

37 不思議の国へようこそ！

対象：全学年　時間：45分

もしも…○○だけでできている世界があったとしたら，と想像して絵に表す

 教師：ワークシート，リフレカード
児童：鉛筆，消しゴム，水性ペン，色鉛筆

✏️ ねらい

このショートワークはもし○○だけでできている世界があったとしたら？　と想像力を働かせてイメージした世界を形に表すことで，想像力と描画力を高めることがねらいである。

✏️ 活動の流れ

❶　活動のめあてをつかむ
　　お菓子だけでできている世界はどんな世界か，みんなでその世界の具体的な様子をイメージしてみることで，活動への意欲をもつ。
❷　活動の進め方を確認する
　　ワークシートをよく読んで，活動の進め方を確認する。
❸　ワークシートに沿って活動を進める
　　自分が行ってみたい○○の世界を想像して，そこにあるいろいろなものを考え，その世界を描く。時間があれば着彩する。
❹　完成したら友だちと見せ合い，その世界のことを紹介し合う
❺　リフレカードを記入し，作品に貼る

✏️ 指導のポイント

○　導入ではお菓子だけでできている世界はどうなっているのか，などと不思議の国の様子について具体的に意見交換をすることで活動への意欲を喚起する。
○　活動過程でも，友だちと表したい不思議の国の様子について話をすることを認める。
○　想像がふくらまない子どもには一緒に考えたり，同じような不思議の国を表そうとしている友だちと話をしてみることを勧めたりする。

✏️ 評　価　※題材として取り組む場合には，次のポイントを評価規準に盛り込みたい

知・技　描く世界の特徴を捉えて，描くものの形や色を工夫している。
思・判・表　絵本や物語を読んだ経験を基に自分のイメージをもちながら，描くものを考えている。
態　度　つくりだす喜びを味わい，楽しく想像の世界を描く活動に主体的に取り組んでいる。

✏️ 発　展

四つ切りや八つ切りの画用紙に描く絵の題材（2〜4時間設定）として扱ってもよい。

37 不思議の国へようこそ！

想像をふくらませるシリーズ

ねん　くみ
なまえ

1　もし，お菓子だけでできている世界に迷い込んだら，家は何でできているかな？
道は？　信号機は？　乗り物は？　花はどんなお菓子なんだろう？
あなただったら，何でできている世界にいってみたい？
たのしい世界を想像して，絵に表してみよう！

2　ショートワークが終わったら，リフレカードを書いてワークシートにはっておこう。

想像をふくらませるシリーズ

38
何でも合体装置

対象：3年生〜　時間：30分

何でも合体装置で合体させたらどうなるか想像をふくらませて絵に表す

準備物
教師：ワークシート，リフレカード
児童：鉛筆，消しゴム，水性ペン，色鉛筆

✏ ねらい

　このショートワークは合体装置に入れたらどうなるか，合体してできるものを想像力を働かせてイメージし，それを絵に表現することで，想像力と描画力を高めることがねらいである。

✏ 活動の流れ

❶ 活動のめあてをつかむ
　リンゴとゴリラ，車とジュースなど，合体したらどうなるか想像して話し合うことから，活動への意欲をもつ。
❷ 活動の進め方を確認する
　ワークシートをよく読んで，活動の進め方を確認する。
❸ ワークシートの活動の進め方に沿って活動を進める

　グループで，ワークシート下部の合体カードに好きな物を文字で画いて交換し，合体させるものを決めて想像して枠内に合体した結果を描く。
❹ 完成したら友だちと見せ合い，工夫したところを話し合う
❺ リフレカードを記入し，作品に貼る

✏ 指導のポイント

○　導入ではリンゴとゴリラや，車とオレンジジュースなど，合体したらどうなるのかを想像して意見交換をすることで活動への意欲を喚起する。
○　活動過程でも，友だちと合体した結果について意見を交換することを認める。
○　想像がふくらまない子どもには一緒に考え，アイデアを提案する。
○　ものには，形と，意味（機能や役割など）があるので，何と何が合体しているのかを考えるようにするとよい。

✏ 評 価　※題材として取り組む場合には，次のポイントを評価規準に盛り込みたい

知・技	合体させるものの形や意味を捉えて，描くものの形や色などを工夫している。
思・判・表	これまでの経験を基に自分のイメージをもちながら，描くものを考えている。
態　度	つくりだす喜びを味わい，楽しく合体したものを描く活動に主体的に取り組んでいる。

✏ 発 展

　クラス全体でカードを交換してもよいし，みんなで同じものを合体させてもよい

38 想像をふくらませるシリーズ
何でも合体装置

ねん　　　くみ
なまえ

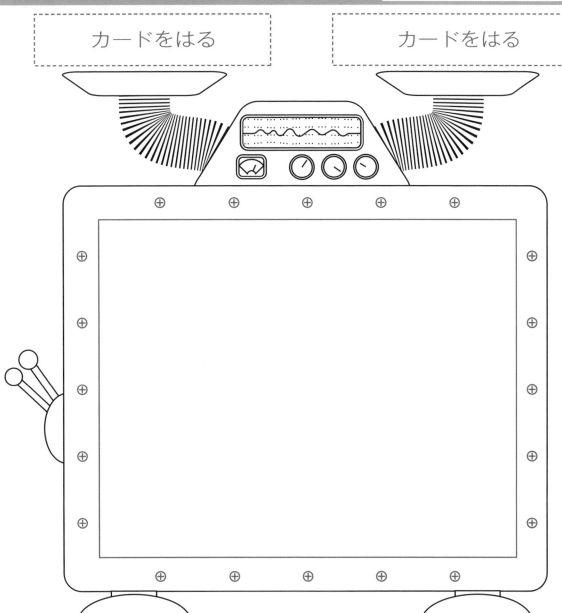

1　コレは，2つのモノを合体させられる装置。上の2つの吸い込み口から合体させるモノの名前を入れると，真ん中に合体したものがあらわれる。遊び方は次のとおり。

活動の進め方

❶3人以上のグループをつくる。　❷下の2枚のカードを切り取って，好きなモノを2つ考えて名前を書く。　❸グループの友だちとカードを交換して，絵の上の受け皿の所にはる。　❹2つを合体させたモノを考えて，合体装置の真ん中にかく。　❺絵が完成したら，友だちと工夫したところを紹介し合おう！

2　ショートワークが終わったら，リフレカードを書いてワークシートにはっておこう。

合体カード

合体カード

想像をふくらませるシリーズ

39
もしも，巨大な○○があったら…

対象：3年生〜　　時間：30分

もしも…の想像力を働かせて，巨大な○○のある世界を楽しんで絵に表す

 教師：ワークシート，リフレカード
児童：鉛筆，消しゴム，水性ペン，色鉛筆

✏️ ねらい

　このショートワークは「もしも巨大な○○が」をテーマに，その状況を想像力を働かせてイメージして，絵に表すことで，想像力と描画力を高めることがねらいである。

✏️ 活動の流れ

❶ 活動のめあてをつかむ
　もしも町中に巨大な鉛筆があったら，それを何に活用するか，周りの人々はどう生活するのかみんなで想像して，活動への意欲をもつ。
❷ 活動の進め方を確認する
　ワークシートをよく読んで，活動の進め方を確認する。

❸ ワークシートに沿って活動を進める
　何が巨大だったら面白いか考えて，描くものを決め，周りの様子について友だちと話し合って描く。時間があれば着彩する。
❹ 完成したら友だちと見せ合い，工夫したところを話し合う
❺ リフレカードを記入し，作品に貼る

✏️ 指導のポイント

○　導入では，巨大なものについて，周りの人々がそれをどう活用し，どう生活しているのか，メリットやデメリットについて話をすることで，活動の方向性を示し，意欲を喚起する。
○　活動過程でも，友だちと巨大な○○のある生活について話をすることを認める。
○　想像がふくらまない子どもには，改めて巨大な○○の楽しい活用方法について，一緒に考える。

✏️ 評　価　※題材として取り組む場合には，次のポイントを評価規準に盛り込みたい

|知・技| 巨大化したものの機能や役割を捉えて，描く様子を工夫している。
|思・判・表| 日常の経験を基に自分のイメージをもちながら，描く様子を考えている。
|態　度| つくりだす喜びを味わい，楽しく想像の世界を描く活動に主体的に取り組んでいる。

✏️ 発　展

　四つ切りや八つ切りの画用紙に描く題材（2〜4時間設定）として扱ってもよい。

39 想像をふくらませるシリーズ
もしも，巨大な○○があったら…

ねん　　　くみ
なまえ

[　　　　　　　　　　　　　　　　　　　　　　　　　　　　　　　　　　　　]

1　もしも町中に超高層ビルぐらいの巨大な鉛筆が立っていたとしたら，どんな様子だろう？　みんなだったらどうする？　何に使う？
もしも巨大な手袋があったら。もしも巨大な扇風機が……。
そんな様子を想像して絵に表してみよう。
それはどこにあるのか。周りの人々はそれをどのように利用しているのか。
「こう使えば，環境のために役立つかも！」「今よりもとっても便利になるかも！」
なんて考えながら，楽しんで想像をふくらませて絵に表そう。

2　ショートワークが終わったら，リフレカードを書いてワークシートにはっておこう。

想像をふくらませるシリーズ

40 もしもアリみたいに小さくなったら…

対象：3年生〜　時間：30分

もしも自分が小さくなったら，周りの様子はどう見えるのかを楽しんで絵に表す

準備物
教師：ワークシート，リフレカード
児童：鉛筆，消しゴム，水性ペン，色鉛筆

✏ ねらい

　このショートワークは自分が小さくなったら周りはどう見えて，どうするのかを想像力を働かせてイメージし，表現することで，想像力と描画力を高めることがねらいである。

✏ 活動の流れ

❶ 活動のめあてをつかむ
　もし自分が小さくなったら，普段使っているものや部屋はどう見えるのか，みんなで楽しく想像して話すことで，活動への意欲をもつ。

❷ 活動の進め方を確認する
　ワークシートをよく読んで，活動の進め方を確認する。

❸ ワークシートに沿って活動を進める
　自分が小さくなったら，周りがどう見えるのか，どこで何をしたいのか，楽しいか，想像をふくらませて絵に表す。時間があれば着彩する。

❹ 完成したら友だちと見せ合い，工夫したところを話し合う

❺ リフレカードを記入し，作品に貼る

✏ 指導のポイント

○ 導入では，普段何気なく見ているものがどう見えるのか，それをどう活用すると楽しいのかをという視点で話をすることで，活動の方向性を示し，意欲を喚起する。

○ 活動過程でも，友だちと身のまわりのものの活用について話をすることを認める。

○ 想像がふくらまない子どもには，描く場所を想定（教室の観察台，作品棚，自宅のキッチン，机の上など）して，どんな様子になるか一緒に考える。

✏ 評　価　※題材として取り組む場合には，次のポイントを評価規準に盛り込みたい

知・技 周りのものの機能や役割を捉えて，想像をふくらませて描く場面を工夫している。
思・判・表 日常の経験を基に自分のイメージをもちながら，描く場面を考えている。
態　度 つくりだす喜びを味わい，楽しく想像の世界を描く活動に主体的に取り組んでいる。

✏ 発　展

四つ切りや八つ切りの画用紙に描く題材（2〜4時間設定）として扱ってもよい。

40 想像をふくらませるシリーズ

もしもアリみたいに小さくなったら…

ねん　くみ
なまえ

1　もしも，あなたがアリさんみたいに，ちいさくなったとしたら。
　どこで何して遊びたい？
　小さなケーキも，大きなビルみたいだろうし。
　机の上で運動会だってできちゃうよね。
　想像を広げて，絵に表してみよう！

2　ショートワークが終わったら，リフレカードを書いてワークシートにはっておこう。

しくみをたのしむシリーズ

41
のばしてみると…

 対象：3年生〜　 時間：45分

畳んだ紙が伸びる仕組みを基に，想像をふくらませて楽しんで絵に表す

 準備物　教師：ワークシート，リフレカード，上質紙又はケント紙児童数分
児童：鉛筆，消しゴム，水性ペン，色鉛筆

✏️ ねらい

　このショートワークは折り畳んだ紙が伸びる仕組みを活用して，どのように絵が変わると楽しいか想像して表現することで，想像力と描画力を高めることがねらいである。

✏️ 活動の流れ

❶　活動のめあてをつかむ
　教師の例示作品を見て，仕組みを理解し，自分だったら伸びるとどんな風に変化する作品にするか想像をふくらませる。
❷　活動の進め方を確認する
　ワークシートをよく読んで，活動の進め方を確認する。

❸　ワークシートの活動の進め方に沿って活動を進める
　紙を折って，畳んだり伸ばしたりできる仕組みをつくり，どう変化すると楽しいか想像をふくらませて変化前→変化後の順で描く。
❹　完成したら友だちと交換して遊び，工夫したところについて意見交換する
❺　リフレカードを記入して，作品に貼る

✏️ 指導のポイント

○　導入で作例を見せて，仕組みの理解を促すとともに，絵がどう変化すると楽しいか，みんなでアイデアを出し合わせて，活動への意欲を喚起し，見通しがもてるようにする。
○　子どもたちのアイデアは適宜板書し，みんなが参考にできるようにする。
○　想像がふくらまない子どもには一緒に考えたり，まずは変化する前の絵を描いてから考えるように促したりする。
○　作品を掲示する際には，クリップなどを活用して，縮めた状態で止めておけるようにする。

✏️ 評　価　※題材として取り組む場合には，次のポイントを評価規準に盛り込みたい

知・技　絵が変化する仕組みを理解し，変化する絵の様子を工夫している。
思・判・表　経験を基に自分のイメージをもちながら，伸びる仕組みを生かした絵を考えている。
態　度　つくりだす喜びを味わい，伸びる仕組みを生かした表現に主体的に取り組んでいる。

✏️ 発　展

四つ切りや八つ切りの画用紙に描く題材（4時間設定）として扱ってもよい。

41 のばしてみると…

しくみをたのしむシリーズ

ねん　くみ　なまえ

1 折りたたんだときは、○○、でも伸ばしてみると……オオ！

さぁ、みんなも、折りたたむ仕組みを生かして、楽しい絵をかこう！

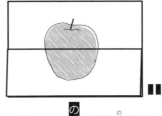

折りたたんだ紙にリンゴがかいてある。

のばす

紙を伸ばすと…玉のりをする人があらわれた！

活動の進め方

❶ 紙の長い方を半分に折る。

❷ 折った紙の上下を反対にして。

❸ 表面の紙だけ更に半分に折り返す。

❹ これで準備は完了。たてに伸びるように使ってもいいし、よこに伸びるように使ってもいいよ。

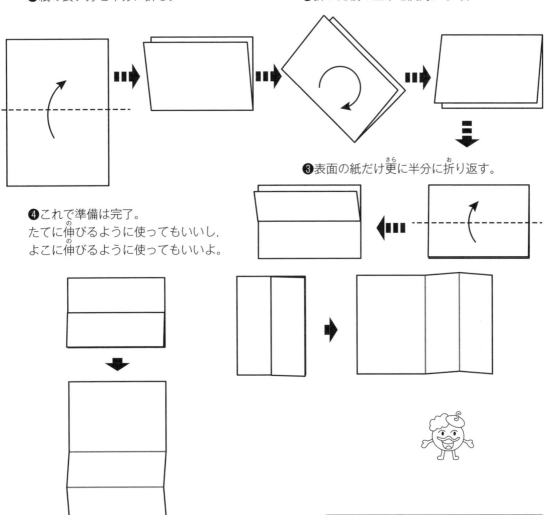

完成したら友だちと交換して楽しもう！

2 ショートワークが終わったら、リフレカードを書いてワークシートにはっておこう。

しくみをたのしむシリーズ

42
ひらいてみると…

 対象：全学年　 時間：30分

折った紙を開く仕組みを基に，想像をふくらませて楽しんで絵に表す

 準備物
教師：ワークシート，リフレカード，上質紙又はケント紙児童数分
児童：鉛筆，消しゴム，水性ペン，色鉛筆

✏️ ねらい

　このショートワークは折った紙を開く仕組みを活用して，開いた向こう側の様子を楽しく想像して表現することで，想像力と描画力を高めることがねらいである。

✏️ 活動の流れ

❶ 活動のめあてをつかむ
　教師の例示作品やワークシートの例を見て，仕組みを理解し，自分だったらどんな絵を描くか想像をふくらませ，意欲をもつ。
❷ 活動の進め方を確認する
　ワークシートをよく読んで，活動の進め方を確認する。

❸ ワークシートの活動の進め方に沿って活動を進める
　紙を折って開く仕組みをつくり，開いたところがどんな様子だと楽しいか想像をふくらませて，開く前と開いた後を描く。
❹ 完成したら友だちと交換して遊び，工夫したところについて意見交換する
❺ リフレカードを記入して，作品に貼る

✏️ 指導のポイント

○　導入で作例を示して仕組みの理解を促すとともに，開いたところがどんな様子だと楽しいか，そこにどんな絵を描きたいかアイデアを出し合わせて，活動への意欲を喚起する。
○　子どもたちのアイデアは適宜板書し，みんなが参考にできるようにする。
○　想像がふくらまない子どもにはまずは開いた後の様子を一緒に考え，描けるようにする。
○　作品を掲示する際には，クリップなどを活用して，閉じた状態で止めておけるようにする。

✏️ 評　価　※題材として取り組む場合には，次のポイントを評価規準に盛り込みたい

知・技　絵が変化する仕組みを理解し，絵の様子を工夫している。
思・判・表　経験を基に自分のイメージをもちながら，開く仕組みを生かした絵を考えている。
態　度　つくりだす喜びを味わい，開く仕組みを生かした表現に主体的に取り組んでいる。

✏️ 発　展

四つ切りや八つ切りの画用紙に描く題材（4時間設定）として扱ってもよい。

42 ひらいてみると…

しくみをたのしむシリーズ

ねん　　くみ
なまえ

1　不思議な扉があるね。
　開くとその向こうには……

　さぁ、みんなも、
　開く仕組みを生かして、
　楽しい絵をかこう！

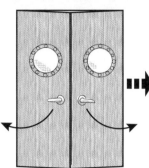

活動の進め方

❶紙の長い方の半分あたりを目安に紙を折る。
　折り返す紙の角が両側の端に沿うように気をつけて折るときれいに折り返せるよ。

❷折った紙の上下を反対にして。

❸反対側の端も折り返して、ぴったりと閉じるようにする。

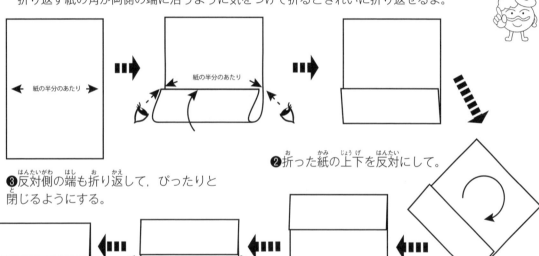

❹これで準備は完了。たてに開くように使ってもいいし、横に開くように使ってもいいよ。

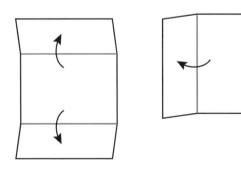

★開くから扉やまどにするのもいいけど、木をかいて森の向こう側にしてみても面白いよね。

完成したら友だちと交換して楽しもう！

2　ショートワークが終わったら、リフレカードを書いてワークシートにはっておこう。

しくみをたのしむシリーズ
43 すかしてみると…

対象：3年生〜　時間：30分

紙を光に透かすと表裏の絵が重なる仕組みから，想像をふくらませて絵に表す

準備物
教師：ワークシート，リフレカード，上質紙又はケント紙児童数分
児童：鉛筆，消しゴム，水性ペン，色鉛筆

✏ ねらい

このショートワークは紙を光に透かすと表裏の絵が重なる仕組みを活用して，どのように絵が変わると楽しいか想像して表現することで，想像力と描画力を高めることがねらいである。

✏ 活動の流れ

❶ 活動のめあてをつかむ
　教師の例示作品やワークシートの例を見て，仕組みを理解し，自分だったらどんな絵を描くか想像をふくらませ，意欲をもつ。
❷ 活動の進め方を確認する
　ワークシートをよく読んで，活動の進め方を確認する。
❸ ワークシートの活動の進め方に沿って活動を進める
　表裏で組み合わせて楽しむ絵の内容を考えて，用紙の表と裏に絵を描く。裏写りしないペンで着彩してもよい。
❹ 完成したら友だちと工夫したところについて意見交換する
❺ リフレカードを記入して，作品に貼る

✏ 指導のポイント

○ 導入で作例を見せて，仕組みの理解を促すとともに，絵がどう変化すると楽しいか，みんなでアイデアを出し合わせて，活動への意欲を喚起し，見通しがもてるようにする。
○ 子どもたちのアイデアは適宜板書し，みんなが参考にできるようにする。
○ 想像がふくらまない子どもには一緒に考える。
○ 日光に透かして絵を描くときは，太陽光で目を痛めないように，またガラスを割って怪我をしないように気をつける。

✏ 評　価　※題材として取り組む場合には，次のポイントを評価規準に盛り込みたい

知・技 絵が変化する仕組みを理解し，表と裏の絵の組み合わせを工夫している。
思・判・表 経験を基に自分のイメージをもちながら，重ねる仕組みを生かした絵を考えている。
態　度 つくりだす喜びを味わい，重ねる仕組みを生かした表現に主体的に取り組んでいる。

✏ 発　展

四つ切りや八つ切りの画用紙に描く題材（4時間設定）として扱ってもよい。

43 すかしてみると…

しくみをたのしむシリーズ

ねん　くみ
なまえ

1　ふつうに見ていると意味が分からない絵だけど，光にすかしてみると……あらら！
裏側にかいた絵と重なって，絵が変わるよ。

男の子が泣いているね。
どうしてかな？

絵を明るいところで透かしてみると…
裏の絵が現れた。なるほど，虫歯だったんだね。

さぁ，みんなも，表の絵と裏の絵が重なる仕組みを生かして，楽しい絵をかこう！

活動の進め方

❶はじめに，表と裏にどんな絵をかいて重ねると楽しい絵になるか考えよう。
友だちとアイデアを出し合って考えるのもいいね。

❷かくことが決まったら，まず
表の絵をかこう。

❸表がかけたら　紙を裏返して
裏の絵をかこう。

❹裏にかくときは，光にすかしてみると，かく位置がよく見えるよ。

完成したら友だちと
交換して楽しもう！

★窓ガラスなどに紙をあててかくときは，先生や大人のひとの注意をよく聞いて，
安全に気をつけて活動しよう！
★色鉛筆や，クレヨンでもできるよ。
★画用紙やケント紙などの紙ならば，水性サインペンや，絵の具でもできるよ。

2　ショートワークが終わったら，リフレカードを書いてワークシートにはっておこう。

しくみをたのしむシリーズ

44
めくってみると…

対象：3年生〜

時間：30分

折った紙をめくっていく仕組みから，想像をふくらませて楽しんで絵に表す

準備物
教師：ワークシート，リフレカード，上質紙又はケント紙児童数分
児童：鉛筆，消しゴム，水性ペン，色鉛筆，はさみ

✏ ねらい

　このショートワークは折った紙を部分的にめくることができる仕組みを生かして，どのように絵が変わると楽しいか想像して表すことで，想像力と描画力を高めることがねらいである。

✏ 活動の流れ

❶ 活動のめあてをつかむ
　教師の例示作品を見て，仕組みを理解し，自分だったらめくるとどう変わると楽しいか想像をふくらませ，活動に意欲をもつ。

❷ 活動の進め方を確認する
　ワークシートをよく読んで，活動の進め方を確認する。

❸ ワークシートの活動の進め方に沿って活動を進める
　折った紙に表の絵を描き，切り込みを入れてめくり，めくった内側にどう変化すると楽しいか想像をふくらませて描く。

❹ 完成したら友だちと交換して遊び，工夫したところについて意見交換する

❺ リフレカードを記入して，作品に貼る

✏ 指導のポイント

○ 導入で作例を見せて，仕組みの理解を促すとともに，絵がどう変化すると楽しいか，みんなでアイデアを出し合わせて，活動への意欲を喚起し，見通しがもてるようにする。

○ 子どもたちのアイデアは適宜板書し，みんなが参考にできるようにする。

○ 想像がふくらまない子どもには一緒に考えたり，まずは変化する前の絵を描いてから考えるように促したりする。

○ 紙を切る際に，誤って切り取ってしまわないように，切り方を確認する。

✏ 評　価　※題材として取り組む場合には，次のポイントを評価規準に盛り込みたい

知・技　絵が変化する仕組みを理解し，めくる仕組みの生かし方を工夫している。
思・判・表　経験を基に自分のイメージをもちながら，仕組みを生かした絵の変化を考えている。
態　度　つくりだす喜びを味わい，めくる仕組みを生かした表現に主体的に取り組んでいる。

✏ 発　展

　四つ切りや八つ切りの画用紙に描く題材（4時間設定）として扱ってもよい。

44 めくってみると…

しくみをたのしむシリーズ

1 絵に切り込みが入っていて、めくることができる。めくると、様子が変わるね。

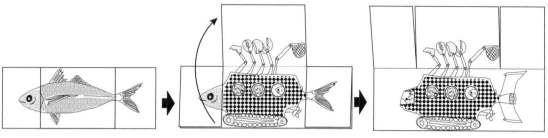

さぁ、みんなも、めくって変身する仕組みを生かして、楽しい絵をかこう！

活動の進め方

❶まず、何をどんな風に変身させたいか考える。
❷変身させたい絵に合わせて、紙を半分に折る。

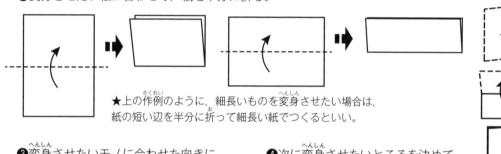

★上の作例のように、細長いものを変身させたい場合は、紙の短い辺を半分に折って細長い紙でつくるといい。

❸変身させたいモノに合わせた向きに紙をおいて変身前の絵をかく。このとき、紙がどう開いて変身するのかを確かめながらかこう。

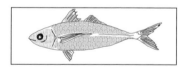

❹次に変身させたいところを決めて、はさみで紙に切り込みを入れる。切るのは絵をかいた表の紙だけだよ。これから絵をかく下の紙を切らないように。

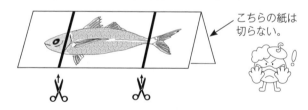

こちらの紙は切らない。

❺紙をめくって、変身させたところをかく。

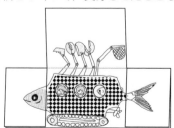

❻全てめくって、さらにかき足して完成！

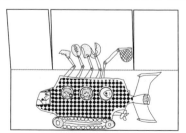

完成したら友だちと交換して楽しもう！

2 ショートワークが終わったら、リフレカードを書いてワークシートにはっておこう。

しくみをたのしむシリーズ

45
どんどんつながる絵をかこう

対象：全学年

時間：30分

縦横につなぐことができる紙を基に，想像をふくらませて楽しんで絵に表す

準備物
教師：ワークシート，リフレカード
児童：鉛筆，消しゴム，水性ペン，色鉛筆，はさみ

✏️ ねらい

このショートワークは縦横の長さが等しい正方形の紙を基に，友だちの絵とつながる絵を描くことを楽しむことを通して，想像力と描画力を高めることがねらいである。

✏️ 活動の流れ

❶ 活動のめあてをつかむ 　教師からの仕組みの紹介を基に，みんなでどのようにつながる絵にするか相談をすることで，活動に見通しをもち，意欲を高める。 ❷ 活動の進め方を確認する 　ワークシートをよく読んで，活動の進め方を確認する。	❸ ワークシートに沿って活動を進める 　友だちとのつなぎ方，つなぐ部分を確認してから自分の絵をかく。時間があれば着彩する。 ❹ 完成したら友だちとつなげる 　工夫したところについて意見交換する。 ❺ リフレカードを記入して，作品に貼る

✏️ 指導のポイント

○　導入で仕組みを示してその理解を促すとともに，みんなでどのようにつながる絵をつくりたいのか相談し，活動への見通しがもてるようにするとともに意欲を高める。

○　つなぎ方としては，縦や横に一列につないでいくようなつなぎ方もできるし，迷路のようにつなぐこともできる。また全体を敷き詰めることもできることは始めに押さえさせておきたい。

○　全員が描けたら，みんなで並べて，一つ一つ作品の工夫と，全体での印象などについて話し合う時間を取りたい。

✏️ 評　価　※題材として取り組む場合には，次のポイントを評価規準に盛り込みたい

知・技　つながる仕組みによる変化を捉えて，つながる絵の様子を工夫している。
思・判・表　経験を基に自分のイメージをもちながら，仕組みを生かした絵を考えている。
態　度　つくりだす喜びを味わい，つながる仕組みを生かした表現に主体的に取り組んでいる。

✏️ 発　展

活動後は背面の掲示板などに並べて掲示したい。

45 しくみをたのしむシリーズ
どんどんつながる絵をかこう

ねん　　くみ
なまえ

1　上の◯形は縦も横も同じ長さです。切り取って友だちとどんどん並べてつなぐことができます。タイルのように，縦横にしきつめることもできます。みんなでつなげて地図にしてもいいし，部屋をかいてつないで◯◯階だてマンションにすることもできるよ。みんなでどんどんとつながる絵をかこう！

活動のポイント

★ならべてつないだり↗
　しきつめたり→
　いろいろなつなぎ方ができるよ。

★◯にはメモリが付いているから，どうつなぐか，やくそくするときにべんりだよ。

2　ショートワークが終わったら，リフレカードを書いてワークシートにはっておこう。

しくみをたのしむシリーズ

46
うらからみると…

 対象：5年生〜   時間：30分

同じ形で表と裏で違うものになるように，想像をふくらませて楽しんで絵に表す

 準備物
教師：ワークシート，リフレカード，上質紙又はケント紙児童数分
児童：鉛筆，消しゴム，水性ペン，色鉛筆，はさみ

✏ ねらい

　このショートワークは表と裏で同じ形になるように，描くものの形や組み合わせ方を考え，表裏で異なるものの形の絵を描くことで，想像力と描画力を高めることがねらいである。

✏ 活動の流れ

❶　活動のめあてをつかむ
　教師の例示作品を見て，仕組みを理解し，自分だったら表と裏でどんな絵を組み合わせるか想像をふくらませ，活動に意欲をもつ。
❷　活動の進め方を確認する
　ワークシートをよく読んで，活動の進め方を確認する。

❸　ワークシートの活動の進め方に沿って活動を進める
　どんなものを組み合わせるか決めたら，表を描いて，輪郭で切り取る。紙を裏返して，その輪郭に合う形の別のものを描く。
❹　完成したら友だちと工夫したところについて意見交換する
❺　リフレカードを記入して，作品に貼る

✏ 指導のポイント

○　導入で作例を見せて，仕組みの理解を促すとともに，表と裏でどんな絵の組み合わせが，楽しいか考え合うことで，活動への意欲を喚起し，見通しがもてるようにする。
○　子どもたちのアイデアは，適宜板書し，みんなが参考にできるようにする。
○　想像がふくらまない子どもには一緒に考えたり，まず表の絵を描いてから裏を考えるように促したりして活動を進める。

✏ 評　価　※題材として取り組む場合には，次のポイントを評価規準に盛り込みたい

知・技	形の面白さを見つけて，それに合うように表と裏の描き方を工夫している。
思・判・表	身近なものの形を基に自分のイメージをもちながら，共通性のある形を考えている。
態　度	つくりだす喜びを味わい，裏返す仕組みを生かした表現に主体的に取り組んでいる。

✏ 発　展

　四つ切りや八つ切りの画用紙に描く題材（4時間設定）として扱ってもよい。

46 うらからみると…

しくみをたのしむシリーズ

ねん	くみ
なまえ	

1 表から見ると，くちびるです。
でも，裏から見ると……，
小さい子どもが二人並んで
幼稚園にいくところなんです！
まだ小さいから，お帽子が
ぶかぶかです。

表

うら

こんなふうに，同じ形だけども，
違うものを考えて，表と裏にかこう。
裏側は，いろいろなものを重ねて形になっているというのでもいいよ。

活動の進め方

❶表と裏に何をかいたら面白いか考える。
　★形がよく似たもの（葉っぱと唇とか，月とおまんじゅうとか）でもよい。
　★片方は，幾つかの形を組み合わせたものでもよい。
　★表と裏で，できるだけ違ったもののほうが面白い。たとえば，みかんとトマト，とか，鉛筆とボールペンとかだと，裏返したときの驚きは少なくなるよね。

❷表の絵を描く
　★表にかく絵は，細いものよりは，太くて面積があるものの方が，裏の絵を工夫しやすい。

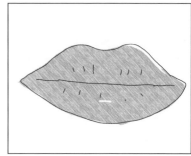

❸絵にそって紙を切りぬく。

❹切り抜いた紙を裏返して，紙の形に合うものを考えてかく。
　★表と全く違うものの方が面白い。
　★表の形に合うように，いくつかの形を組み合わせてもいい。

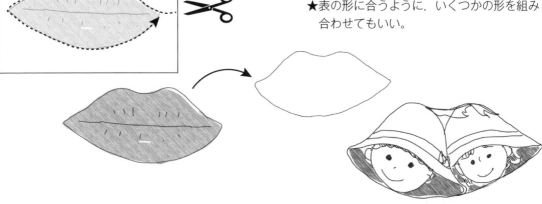

2 ショートワークが終わったら，リフレカードを書いてワークシートにはっておこう。

よくみてかいてみるシリーズ

47
石をよくみてかいてみる

対象：3年生〜　　時間：15分

身近にある石をじっくりと見て絵に表す

準備物
教師：ワークシート，リフレカード
児童：鉛筆，消しゴム，石（手のひらに収まる大きさのもの）

✏ ねらい

　このショートワークは子どもたちがよく目にする石を，改めてじっくりよく見て形や手ざわりなどを絵に表現することで，対象を捉えることと描画力を高めることがねらいである。

✏ 活動の流れ

❶ 活動のめあてをつかむ
　自分が準備した石を手で持ってみたり，いろいろな角度からじっくり眺めて，その特徴を捉える。
❷ 活動の進め方を確認する
　ワークシートをよく読んで，活動の進め方を確認する。
❸ ワークシートに沿って活動を進める
　始めはうすい線で，大雑把に形を取り，それから丁寧に輪郭をおこし，表面の凹凸や模様も描いて，影を付ける。
❹ 完成したら友だちと工夫したところについて意見交換する
❺ リフレカードを記入して，作品に貼る

✏ 指導のポイント

○ 導入で子どもたちが持参した石を，じっくり眺めたり触ったりする時間をとり，感想や気づきを取り上げるようにする。
○ できれば，教師も子どもたちと一緒に黒板に石を描いてみせる。
○ 多少形が整っていなくてもじっくりと形を見ながら描けていればよい。
○ 描き込ませ過ぎないよう，活動時間は短時間で終えるようにする。
○ 基本的にはよく見て描いていることを褒め，次への意欲につなげる。

✏ 評　価　※題材として取り組む場合には，次のポイントを評価規準に盛り込みたい

知・技　石の形や手ざわりを捉えて，石の描き方を工夫している。
思・判・表　経験を基に自分のイメージをもちながら，石の形や表面の感じの表し方を考えている。
態　度　つくりだす喜びを味わい，楽しんでよく見て描く活動に主体的に取り組んでいる。

✏ 発　展

　いろいろな石で何度か描いてみる機会をもつとよい。

47 よくみてかいてみるシリーズ
石をよくみてかいてみる

| ねん　　　くみ |
| なまえ |

[1] 片手で持てるぐらいの石を1つ，拾ってきてその石をかいてみよう。
鉛筆だけで，かいてみよう。

活動のポイント

★まずは拾ってきた石をさわってみよう。
　ゴツゴツしている？　それともすべすべしている？
　ザラザラかな？
★次は，じっくりと見てみる。
　形だけじゃなくて，色や，模様もしっかり見る。
★はじめは鉛筆でうっすらと，おおざっぱに形を取る。①
★それから，丁寧に輪郭をかく。②
　すべすべはすべすべっぽく，なめらかな線で。
　ゴツゴツはゴツゴツっぽく，カクカクした線で。
★輪郭が取れたら，表面のでこぼこや，模様もかく。③
　あせらずゆっくり丁寧に。
★影も付ける。④
　鉛筆を寝かせて持って，やさしくなでるように。

①  ②

③ 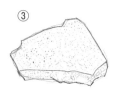 ④

[2] ショートワークが終わったら，リフレカードを書いてワークシートにはっておこう。

よくみてかいてみるシリーズ

48
段ボール箱をよくみてかいてみる

 対象：3年生〜 時間：15分

身近にある段ボール箱をじっくりと見て絵に表す

準備物 教師：ワークシート，リフレカード，段ボール箱3〜4人に1個
児童：鉛筆，消しゴム

✏️ ねらい

このショートワークは子どもたちがよく目にする段ボール箱の，形や構造などを改めてじっくりよく見て絵に表現することで，対象を捉えることと描画力を高めることがねらいである。

✏️ 活動の流れ

❶ 活動のめあてをつかむ
　置かれた段ボール箱を見て，気づいたことを出し合うことを通して，対象を見る姿勢を整え，活動への意欲を高める。
❷ 活動の進め方を確認する
　ワークシートをよく読んで，活動の進め方を確認する。
❸ ワークシートに沿って活動を進める
　始めはうすい線で，大雑把に形を取り，それから丁寧に輪郭をおこし，表面の模様・文字も描いて，影を付ける。
❹ 完成したら友だちと工夫したところについて意見交換する
❺ リフレカードを記入して，作品に貼る

✏️ 指導のポイント

○ 導入で段ボール箱をじっくり見て，気づいたことを出し合う時間をとり，対象を見る構えをつくる。
○ できれば，教師も子どもたちと一緒に黒板に段ボール箱を描いてみせる。
○ 多少形が整っていなくてもじっくりと形を見ながら描けていればよい。
○ 描き込ませ過ぎないよう，活動時間は短時間で終えるようにする。
○ 基本的にはよく見て描いていることを褒め，次への意欲につなげる。

✏️ 評　価　※題材として取り組む場合には，次のポイントを評価規準に盛り込みたい

知・技 段ボール箱の形や構造を捉えて，箱の描き方を工夫している。
思・判・表 経験を基に自分のイメージをもちながら，箱の形や表面の感じの表し方を考えている。
態　度 つくりだす喜びを味わい，楽しんでよく見て描く活動に主体的に取り組んでいる。

✏️ 発　展

いろいろな角度から何度か描いてみる機会をもつとよい。

48 段ボール箱をよくみてかいてみる

よくみてかいてみるシリーズ

ねん　くみ　なまえ

1　みかん箱ぐらいの大きさの段ボール箱を1つ置いて、その箱をかいてみよう。
　　鉛筆だけで、かいてみよう。

活動のポイント

★まずは、段ボール箱をじっくりと見てみる。
　いろいろな向きから見てみる。
　どんな形に見えるか、どんな形をしているかしっかり見る。
★はじめは鉛筆でうっすらと、おおざっぱに形を取る。①
★それから、丁寧に輪郭をかく。②
　蓋がちょっと開いているのはどんな向きに向かっているか、
　うっすら、うっすら、線を重ねるようにかこう。
★輪郭が取れたら、表面の模様や文字もかこう。③
　模様や文字は、おおざっぱでもいい。
★影も付ける。④
　鉛筆を寝かせて持って、やさしくなでるように。

①

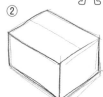
②

③

④

2　ショートワークが終わったら、リフレカードを書いてワークシートにはっておこう。

よくみてかいてみるシリーズ

49 鉛筆と消しゴムをよくみてかいてみる

対象：5年生〜　時間：15分

身近にある鉛筆と消しゴムをじっくりと見て絵に表す

準備物
教師：ワークシート，リフレカード
児童：鉛筆，消しゴム（モチーフ用と描画用）

✏ ねらい

　このショートワークは普段からよく使用している鉛筆と消しゴムを，改めてよく見て形の特徴を捉えて絵に表現することで，対象を捉えることと描画力を高めることがねらいである。

✏ 活動の流れ

❶ 活動のめあてをつかむ
　鉛筆と消しゴムを机の上において，それをじっくりと眺めながら，形の特徴について気づいたことを発表する。
❷ 活動の進め方を確認する
　ワークシートをよく読んで，活動の進め方を確認する。
❸ ワークシートに沿って活動を進める
　鉛筆と消しゴムを置く向きを決めて，始めはうすい線で，大雑把に形を取り，それから丁寧に輪郭をおこし，影を付ける。
❹ 完成したら友だちと工夫したところについて意見交換する
❺ リフレカードを記入して，作品に貼る

✏ 指導のポイント

○ 導入で子どもたちが鉛筆と消しゴムをじっくり見て，形の特徴について気づいたことを出し合う時間をとり，対象を見る構えをつくる。
○ できれば，教師も子どもたちと一緒に黒板に鉛筆と消しゴムを描いてみせる。
○ 多少形が整っていなくてもじっくりと形を見ながら描けていればよい。
○ 描き込ませ過ぎないよう，活動時間は短時間で終えるようにする。
○ 基本的にはよく見て描いていることを褒め，次への意欲につなげる。

✏ 評　価　※題材として取り組む場合には，次のポイントを評価規準に盛り込みたい

知・技 鉛筆と消しゴムの形の特徴を捉えて，形の描き方を工夫している。
思・判・表 経験を基に自分のイメージをもちながら，形や表面の感じの表し方を考えている。
態　度 つくりだす喜びを味わい，楽しんでよく見て描く活動に主体的に取り組んでいる。

✏ 発　展

いろいろな角度から何度か描いてみる機会をもつとよい。

49 鉛筆と消しゴムをよくみてかいてみる

よくみてかいてみるシリーズ

ねん　　くみ
なまえ

---

1 筆箱から，鉛筆と消しゴムを出して，机の上に置いてみよう。
じっくりと見ながらかいてみよう。

活動のポイント

★まずは，鉛筆と消しゴムを机の上に出して並べて，それを
　じっとながめてみる。
　いろいろな向きから見てみる。
★一番かきやすそうだと思う向きに鉛筆と消しゴムを置く。
　右の例のように置く必要はない。
★はじめは鉛筆でうっすらと，おおざっぱに形を取る。①
★それから，丁寧に輪郭をかく。②
　鉛筆の形，消しゴムや鉛筆の先の形に，
　うっすら，うっすら，線を重ねるように。
★およそ輪郭が取れたら，もう少しはっきりとした線で
　形を取る。③
★影も付ける。④
　鉛筆を寝かせて持って，やさしくなでるように。
　不要な線は消しゴムで丁寧に消す。

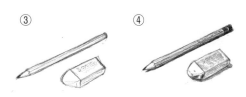

2 ショートワークが終わったら，リフレカードを書いてワークシートにはっておこう。

よくみてかいてみるシリーズ

50
「　　　」をよくみてかいてみる

 対象：5年生〜　 時間：15分

身近にあるものをひとつ決めてそれをじっくりと見て絵に表す

 準備物　教師：ワークシート，リフレカード
児童：鉛筆，消しゴム，描く対象のもの

✏️ ねらい

このショートワークは子どもたちが身近なものの中から描いてみたいものを決めて，改めてそれをよく見て絵に表現することで，対象を捉えることと描画力を高めることがねらいである。

✏️ 活動の流れ

❶ 活動のめあてをつかむ
　これまでの経験を生かして，自分が描いてみたいものをいろいろな角度からじっくり眺める。
❷ 活動の進め方を確認する
　ワークシートをよく読んで，活動の進め方を確認する。

❸ ワークシートに沿って活動を進める
　始めはうすい線で，大雑把に形を取り，それから丁寧に輪郭をおこし，表面の凹凸や模様も描いて，影を付ける。
❹ 完成したら友だちと工夫したところについて意見交換する
❺ リフレカードを記入して，作品に貼る

✏️ 指導のポイント

○　導入で子どもたちが持参したものを，じっくり眺めたり触ったりする時間をとり，感想や気づきを取り上げるようにする。
○　できれば，教師も子どもたちと一緒に黒板に描いてみせる。
○　多少形が整っていなくてもじっくりと形を見ながら描けていればよい。
○　描き込ませ過ぎないよう，活動時間は短時間で終えるようにする。
○　基本的にはよく見て描いていることを褒め，次への意欲につなげる。

✏️ 評　価　※題材として取り組む場合には，次のポイントを評価規準に盛り込みたい

知・技　対象の形の特徴を捉えて，描き方を工夫している。
思・判・表　経験を基に自分のイメージをもちながら，対象の形の表し方を考えている。
態　度　つくりだす喜びを味わい，楽しんでよく見て描く活動に主体的に取り組んでいる。

✏️ 発　展

いろいろな対象を描く機会をたくさんもつとよい。

50 よくみてかいてみるシリーズ 「　　　」をよくみてかいてみる

ねん　くみ
なまえ

1 身近にあるものを，1つ決めて，とにかくよく見て，かいてみよう。

活動のポイント

★身近なもので，大きさは，目を動かさなくてもよいか，目を少し動かすだけで，そのものの形がはっきりと見えるぐらいの大きさのものをえらぶ。
★じっくり見る。
★はじめは大きく形を捉えて，鉛筆でうっすらと形を取る。
　細かな形を気にしないように。
★次はすこし丁寧に輪郭をかく。
　うっすら，うっすら，線を重ねるように。
★部分にばかり集中してしまって，最初に捉えた大きな形が見えなくなってしまわないように。
　部分を見ては，大きな形をみなおす。
★およそ輪郭が取れたら，もう少しはっきりとした線で形を取る。
★影も付ける。
　鉛筆を寝かせて持って，やさしくなでるように不要な線は消しゴムで丁寧に消す。

2 ショートワークが終わったら，リフレカードを書いてワークシートにはっておこう。

リフレカード

	ねん　　　くみ
	なまえ

① 発見したこと，工夫したこと

② 思い付いたこと，考えたこと

月　　　日

リフレカード

	ねん　　　くみ
	なまえ

① 発見したこと，工夫したこと

② 思い付いたこと，考えたこと

月　　　日

リフレカード

| | ねん　　くみ |
| | なまえ |

① 発見したこと，工夫したこと

② 思い付いたこと，考えたこと

月　　日

リフレカード

| | ねん　　くみ |
| | なまえ |

① 発見したこと，工夫したこと

② 思い付いたこと，考えたこと

月　　日

【著者紹介】

山田　芳明（やまだ　よしあき）

1965年生まれ。大阪教育大学を卒業後，公立小学校勤務を経て，大阪教育大学附属平野小学校で図画工作科を研究。その後鳴門教育大学教員となり現在は同大学大学院学校教育研究科教授。国立教育政策研究所「特定の課題に関する調査（小学校図画工作）結果分析委員会」，「学習指導要領実施状況調査（小学校）結果分析委員会」等の委員を務める一方，図画工作科の教科書の編集にも長く関わり，全国図工授業づくりユニオン，図工のおきぐすり実行委員会等を立ち上げるなど，学校現場の図画工作科教育の推進・向上に取り組む。

最近の著書に『小学校教育課程実践講座　図画工作』（ぎょうせい），『初等図画工作科教育』（ミネルヴァ書房）（いずれも共著）等がある。

図工科授業サポートBOOKS
小学校図工スキマ時間に大活躍！
おもしろショートワーク　絵あそび編

2019年10月初版第1刷刊　©著　者　山　田　芳　明
2021年3月初版第2刷刊　　　発行者　藤　原　光　政
　　　　　　　　　　　　　発行所　明治図書出版株式会社
　　　　　　　　　　　　　　　　　http://www.meijitosho.co.jp
　　　　　　　　　　　（企画）木村　悠（校正）中野真実
　　　　　　　　　　　〒114-0023　東京都北区滝野川7-46-1
　　　　　　　　　　　振替00160-5-151318　電話03(5907)6702
　　　　　　　　　　　　　　　　　ご注文窓口　電話03(5907)6668

＊検印省略　　　　　　組版所　株式会社木元省美堂

本書の無断コピーは，著作権・出版権にふれます。ご注意ください。
教材部分は，学校の授業過程での使用に限り，複製することができます。

Printed in Japan　　　　　ISBN978-4-18-427118-0
もれなくクーポンがもらえる！読者アンケートはこちらから→